Eine neue Logik der Geldpolitik

Burkhard Wehner

Eine neue Logik der Geldpolitik

Fester Zins, stabile Konjunktur, sichere Währung

Burkhard Wehner
Horst, Deutschland

ISBN 978-3-658-29364-2   ISBN 978-3-658-29365-9 (eBook)
https://doi.org/10.1007/978-3-658-29365-9

Die Deutsche Nationalbibliothek verzeichnet diese Publikation in der Deutschen Nationalbibliografie; detaillierte bibliografische Daten sind im Internet über http://dnb.d-nb.de abrufbar.

Springer Gabler
© Der/die Herausgeber bzw. der/die Autor(en), exklusiv lizenziert durch Springer Fachmedien Wiesbaden GmbH, ein Teil von Springer Nature 2020
This work is subject to copyright. All rights are solely and exclusively licensed by the Publisher, whether the whole or part of the material is concerned, specifically the rights of translation, reprinting, reuse of illustrations, recitation, broadcasting, reproduction on microfilms or in any other physical way, and transmission or information storage and retrieval, electronic adaptation, computer software, or by similar or dissimilar methodology now known or hereafter developed.
Die Wiedergabe von allgemein beschreibenden Bezeichnungen, Marken, Unternehmensnamen etc. in diesem Werk bedeutet nicht, dass diese frei durch jedermann benutzt werden dürfen. Die Berechtigung zur Benutzung unterliegt, auch ohne gesonderten Hinweis hierzu, den Regeln des Markenrechts. Die Rechte des jeweiligen Zeicheninhabers sind zu beachten.
Der Verlag, die Autoren und die Herausgeber gehen davon aus, dass die Angaben und Informationen in diesem Werk zum Zeitpunkt der Veröffentlichung vollständig und korrekt sind. Weder der Verlag, noch die Autoren oder die Herausgeber übernehmen, ausdrücklich oder implizit, Gewähr für den Inhalt des Werkes, etwaige Fehler oder Äußerungen. Der Verlag bleibt im Hinblick auf geografische Zuordnungen und Gebietsbezeichnungen in veröffentlichten Karten und Institutionsadressen neutral.

Springer Gabler ist ein Imprint der eingetragenen Gesellschaft Springer Fachmedien Wiesbaden GmbH und ist ein Teil von Springer Nature.
Die Anschrift der Gesellschaft ist: Abraham-Lincoln-Str. 46, 65189 Wiesbaden, Germany

Vorwort

Was tun Zentralbanken, um den Geldwert und damit die Wirtschaft stabil zu halten? Wie können sie diese Ziele am besten erreichen? Welche Instrumente sollten sie dafür einsetzen, und welchen Prinzipien und Regeln sollten sie dabei folgen?

Auf diese Fragen sollte es möglichst klare, plausible und allgemein akzeptierte Antworten geben. Wo solche Klarheit nicht herrscht, sind Wirtschaft, Finanzmärkte, Politiker und Bürger in ihrer Planungssicherheit erheblich beeinträchtigt.

Geldpolitik kann nicht erfolgreich sein, wenn sie für das Publikum Züge einer Geheimwissenschaft hat. Genau diesen Anschein hat sie aber in jüngerer Zeit zunehmend vermittelt. Dies war natürlich nicht immer so. Zentralbanken und ihre Chefs umwehte lange eine Aura kaum anfechtbarer Weisheit. Es schien, dass sie zwar schwer durchschaubaren, aber doch fundierten Regeln folgten, mit denen sich respektable Ergebnisse erzielen ließen.

Wenn eine Institution sich über längere Zeit solchen Respekt erworben hat, kann dies lange nachwirken. Die Regeln der Geldpolitik mögen im Lauf der Zeit immer diffuser werden, aber Zentralbanken sind naturgemäß wenig geneigt, die Öffentlichkeit über ihre Orientierungsschwierigkeiten aufzuklären. Daher kann ihre Aura von Weisheit jahrzehntelang fortbestehen, auch wenn die theoretischen und empirischen Fundamente ihrer geldpolitischen Konzepte längst bröckeln. Die Öffentlichkeit möchte trotzdem weiter an die Weisheit der Zentralbanken glauben, solange sie keine alternative Orientierung findet.

Auch hierüber scheint die Entwicklung aber langsam hinwegzugehen. Es wird zwar weiter viel Energie darauf verwendet, geldpolitische Maßnahmen von Zentralbanken vorherzusagen, auch weil sich mit geglückten Wetten hierauf viel Geld verdienen lässt. Aber auch professionelle Zentralbank-Deuter sind natürlich umso ratloser, je unergründlicher die selbstgesetzten Regeln und Prinzipien der Zentralbank erscheinen. Auf den Finanzmärkten verbreitet sich so der Eindruck, dass die theoretischen Grundlagen der Geldpolitik von der Realität überholt und die Zentralbanken immer ohnmächtiger werden.

Diese Entzauberung der Zentralbanken trägt dazu bei, dass die Wirtschaft, die Finanzmärkte, die Bürger und die Politik zunehmend unsicherer zwischen Deflationsängsten, Stabilitätshoffnungen und Inflationsängsten schwanken und die Wertentwicklung von Sach- und Finanzanlagen, von Immobilien, Aktien, Wertpapieren und sonstigen Vermögensobjekten entsprechend ratlos verfolgen.

Auf diesem Boden geht sogar in geldpolitischen Fragen die Saat von Verschwörungstheoretikern und Populisten auf, die der Zentralbank z. B. ein Komplott zum Nachteil der Sparer und zugunsten des verschuldeten Staates unterstellen, das einen Teil der Bürger vorsätzlich enteignet und bestimmte Interessengruppen illegitim begünstigt. So schürt eine orientierungslose Geldpolitik indirekt gesellschaftlichen Zwist, und sie vergiftet politische Debatten.

Die Erosion ihrer Prinzipien schwächt die Zentralbanken zudem in der Auseinandersetzung mit Regierungen und politischen Interessengruppen, die die Geldpolitik im eigenen Interesse beeinflussen wollen. Auf Dauer können Zentralbanken daher nur dann wahrhaft unabhängig sein bzw. wieder werden, wenn ihre Entscheidungen auf nachvollziehbare Prinzipien gegründet sind. Nur so können sie den Finanzmärkten, der Wirtschaft, der Politik und der gesamten Öffentlichkeit überzeugend und vertrauenbildend gegenübertreten. Zu diesem Zweck werden Zentralbanken früher oder später ihre geldpolitische Leitgröße neu bestimmen und sich ein dazu passendes neues Instrumentarium schaffen müssen.

Eine solche neue geldpolitische Leitgröße und ein darauf abgestimmtes geldpolitisches Instrumentarium werden in diesem Buch vorgestellt.[1]

Horst, Deutschland   Burkhard Wehner

Literatur

Wehner, Burkhard 1995. Die Logik der Politik und das Elend der Ökonomie. Grundelemente einer neuen Staats- und Gesellschaftstheorie. Darmstadt: Wissenschaftliche Buchgesellschaft.

---

[1] Das hier beschriebene geldpolitische Konzept gründet auf Überlegungen, die zuerst in Wehner (1995, Kapitel 13, *Die Logik der Geldpolitik*) vorgestellt wurden.

Inhaltsverzeichnis

1   **Eine kurze Geschichte der Geldpolitik** 1

2   **Die Institutionen der Geldpolitik**................. 9

3   **Der geldpolitische Auftrag – multiple Ziele oder klarer Fokus?**................................. 15

4   **Fokussierte Politik mit herkömmlichen Mitteln** 21

5   **Ein Alternativmodell: die Stabilisierung des langfristigen Zinses**............................ 27
    5.1   Die Vorteile des Festzinssystems................ 30
    5.2   Zur Funktionsweise des Festzinssystems 33
    5.3   Voraussetzungen für eine erfolgreiche Festzinspolitik............................. 38
    5.4   Festzinsregel und Konjunkturzyklus............. 42
    5.5   Eine Formalisierung 45

6   **Welcher Zins ist fest im Festzinssystem?** 47

7   **Der Ausbau des geldpolitischen Instrumentariums**.... 51
    7.1   Das Konjunkturgeld – Schlüsselinstrument im Festzinssystem............................. 51
    7.2   Konjunkturgeld im Abschwung, Konjunktursteuer im Aufschwung............................. 57
    7.3   Bemessung und Justierung des Konjunkturgeldes... 62

- 7.4 Anpassungen der Parameter ... 64
- 7.5 Deflation, Demographie und Neokratie ... 66

8 Wege zum Festzinsmodell – wie, wo und wann? ... 69

9 Einige Ergänzungen ... 77
- 9.1 Der Instrumenteneinsatz im Festzinssystem ... 78
- 9.2 Inflationsziele oder Fixzins? ... 80
- 9.3 Negativer Realzins, Inflation und Kapitalvernichtung ... 82
- 9.4 Festzinssystem und optimaler Währungsraum ... 85
- 9.5 Festzinssystem, Vollbeschäftigung und die sogenannte Modern Monetary Theory ... 88
- 9.6 Ein Fazit ... 91

Literatur ... 93

1
Eine kurze Geschichte der Geldpolitik

Die Erfindung und Verbreitung des Geldes war für die Menschen – wie die meisten umwälzenden technologischen Neuerungen – zunächst eine zweischneidige Angelegenheit. Die offensichtlichen Vorteile des Geldes waren, dass sich damit im Wirtschaftsverkehr leichter rechnen ließ, dass sich leichter Vermögen bilden ließ und dass sich vor allem die gesellschaftliche Arbeitsteilung besser entfalten konnte.

Das Geld war anderen großen Neuerungen aber auch darin ähnlich, dass seine Tragweite für Wirtschaft und Gesellschaft anfänglich kaum absehbar war. Daher kam es im Umgang mit dem Geld und mit den Finanztechnologien der Geldwirtschaft zu immer neuen Überforderungen und Rückschlägen.

Die Überforderung traf fast alle Wirtschaftsakteure. Unternehmer, Konsumenten, Arbeitnehmer, Kapitalanleger und Kreditnehmer machten sich ungenügende Vorstellungen von der Funktionsweise der Geldwirtschaft, und sie schätzten daher den Wert ihres Geldes und die Last von

© Der/die Herausgeber bzw. der/die Autor(en), exklusiv lizenziert durch Springer Fachmedien Wiesbaden GmbH, ein Teil von Springer Nature 2020
B. Wehner, *Eine neue Logik der Geldpolitik*,
https://doi.org/10.1007/978-3-658-29365-9_1

Schulden und Zinsen im Vorhinein immer wieder falsch, nämlich zu optimistisch oder zu pessimistisch ein.

Kaum weniger überfordert waren die für die Funktionsfähigkeit des Geldsystems zuständigen staatlichen Instanzen. Die Politik konnte die Währung nur selten so verwalten, dass die wohlstandsmehrende Wirkung der Geldwirtschaft ohne schmerzliche Nebenwirkungen zur Geltung kam. Vor allem verstand die Politik es nicht, den Wert des Geldes hinreichend stabil und berechenbar zu halten. Daher konnte sie auch nicht für Stabilität und Berechenbarkeit des Zinses als Preis des geliehenen Geldes sorgen. Wo aber der Wert und der Preis des Geldes so unberechenbar blieben, waren die Wirtschaftssubjekte im planenden Umgang mit Geld und Kredit erst recht überfordert.

Die Fehler in der politischen Handhabung lagen zum einen bei der Wahl der geldpolitischen Instrumente, zum anderen bei der Gestaltung der geldpolitischen Instanzen. Der Staat musste bestimmen, mit welchem Instrumentarium und nach welchen Regeln die wohlstandsmehrende Funktion des Geldes gesichert werden sollte. Weil aber das Wissen in dieser Hinsicht unzulänglich war, wurden Politik und Wirtschaftsakteure immer wieder von Inflation, Hyperinflation, Stabilisierungskrisen und Deflation überrascht und ebenso von jähem Wertzuwachs oder Wertverfall bei Vermögensobjekten. Nach der Erfindung des Geldes brauchte es ein paar Jahrtausende, bis sich genügend Sachverstand entwickelte, um die Ursachen dieser Phänomene zumindest schemenhaft zu durchschauen. Da das Geld aber immer neue und vielfältigere Erscheinungsformen annahm und sich damit auch seine Wirkungsweise wandelte, war der einschlägige Sachverstand kaum je auf der Höhe der Zeit. So bedurfte es z. B. für Münzgeld, Papiergeld und Giralgeld eines jeweils neuen theoretischen Verständnisses, und u. a. deswegen musste der Staat immer wieder einen neuen Umgang mit der Währung einüben.

Solange Geld nur in Form von Silber- und Goldmünzen existierte, waren die Anforderungen an die Geldpolitik natürlich relativ gering. Die Monarchen hatten das Münzmonopol (auch wenn sie es gelegentlich auf Zeit an Privatleute verpachteten), und sie versorgten die Wirtschaft mit notwendigem neuen Geld, soweit die verfügbaren Edelmetallvorkommen dies ermöglichten.

Aufgrund der Abhängigkeit von der Edelmetallförderung konnte die Geldversorgung sich aber nicht kontinuierlich entwickeln. Das Auf und Ab im Volumen der Geldprägung löste einen Wechsel von stimulierenden und dämpfenden Impulsen auf die Wirtschaft aus. Später verstärkte auch die so genannte Münzverschlechterung, d.h. die Verringerung des Edelmetallgehalts der Münzen, wirtschaftliche Überhitzungs- und Krisensymptome. Im Großen und Ganzen waren den politischen Irrtümern im Umgang mit dem Münzgeld aber relativ enge Grenzen gesetzt. Das Münzgeld war – von heimlichen, also aus Sicht der Bürger betrügerischen Münzverschlechterungen abgesehen – nichts anderes als nach Gewicht und Gestalt genormtes Edelmetall. Dessen Knappheit war naturgegeben, und der Handlungsspielraum des staatlichen Münzmonopols war dadurch auf natürliche Weise begrenzt. Er war zu eng, um Phänomene wie permanente oder galoppierende Inflation und Deflation zuzulassen.

Mit der Einführung von Papiergeld wurden die Währungsbehörden vor neue Herausforderungen gestellt. Sie mussten dafür sorgen, dass genügend Vertrauen in den Wert des Papiergelds bestehen blieb, um dessen Eignung als allgemeines Zahlungs- und Wertaufbewahrungsmittel zu gewährleisten. Dies wurde zunächst einfach dadurch erreicht, dass das Papiergeld als ein – bei der Währungsbehörde einlösbarer – Gutschein für eine bestimmte Menge Edelmetall behandelt wurde. Die Benennungen von Währungen wie Lira, Pfund oder Mark waren anfänglich nichts anderes als Gewichtsangaben für Gold.

Solange die Banknoten in diesem Sinne als Gutscheine für Gold anerkannt waren, blieb daher der Wert des Geldes etwa so stabil wie der Wert des Goldes. Es gab zwar Phasen, in denen das Geld an Wert verlor, aber darauf folgten regelmäßig Phasen wieder ansteigenden Geldwertes. Diese langfristige Geldwertstabilität sorgte dafür, dass auch der Zins vergleichsweise stabil blieb. Da die Banknoten verschiedener Länder Gutscheine für unterschiedliche Mengen Gold waren, blieben zwangsläufig auch die Wechselkurse zwischen den Währungen einigermaßen stabil.

In diesem an das Gold gebundenen Papiergeldsystem waren die Aufgaben der Währungsbehörden relativ leicht beherrschbar. Die Zentralbanken hatten nicht mehr und nicht weniger zu tun, als bei übermäßigen Ab- oder Zuflüssen von Goldreserven ihre Bedingungen für die Ausleihe von Geld an das Bankensystem anzupassen. Wurde z. B. das Vertrauen in das Papiergeld schwächer und wurde daher zu viel Geld in Gold umgetauscht, dann reagierten die Zentralbanken umgehend mit einer Verteuerung ihrer Geldausleihe an die Banken, so dass diese sich weniger Geld bei der Zentralbank besorgten. Dadurch wurde das Geld in der gesamten Wirtschaft knapper, das Vertrauen in seine Wertbeständigkeit entsprechend größer, und das Bedürfnis, Geld in Gold umzutauschen, ging zurück. Einer Orientierung der Geldpolitik an komplexen gesamtwirtschaftlichen Datenlagen bedurfte es nicht.

Dies waren günstige Bedingungen nicht nur für ein erfolgreiches Wirken der Zentralbanken, sondern auch für privates Wirtschaften. Unternehmen und private Haushalte konnten ihre längerfristigen finanziellen Dispositionen im Vertrauen auf ein einigermaßen stabiles Geldsystem treffen. Über langfristige Anlagen in Sach- und Geldkapital, über die Aufnahme längerfristiger Kredite und über längerfristige Liefer- und Arbeitskontrakte konnte entschieden werden, ohne große Zins-, Inflations- und Wechselkursrisiken zu unterstellen. Insofern war eine viel bessere Geldordnung schwer vorstellbar.

Dass trotzdem das Geld nicht ewig ein einlösbarer Anspruch auf Gold bleiben konnte, hatte vielerlei Gründe. Ein Grund lag darin, dass Regierungen mit selbstgemachtem Geld Kriege und sonstige wirtschaftlich ruinöse Unternehmungen finanzierten und dabei so viel Geld in Umlauf brachten, dass an dessen Einlösbarkeit in Gold wachsende Zweifel aufkamen. Der Hauptgrund jedoch war, dass eine rasch wachsende und zunehmend arbeitsteilige Wirtschaft ein rasch wachsendes Volumen von Geldtransaktionen erforderte, und dieses war nur bei einem raschen Wachstum der umlaufenden Geldmenge zu bewältigen. Wegen der begrenzten Verfügbarkeit von Gold konnte dieser wachsende Geldbedarf aber nicht mehr mit Geld in der Form von Goldgutscheinen gedeckt werden.

Unter solchen Umständen könnte das Volumen von Geldtransaktionen allenfalls dann im notwendigen Umfang wachsen, wenn der Wert – und damit die Kaufkraft – des umlaufenden Geldes beständig stiege. Nur dann ließe sich mit der bestehenden Menge an Geld immer mehr kaufen und ließen sich immer mehr Transaktionen abwickeln. Dass die Kaufkraft des Geldes steigt, bedeutet aber, dass die Preise der zu kaufenden Güter sinken. Zunehmende Knappheit des Goldes und des daran gebundenen Geldes könnte also nur durch einen allgemeinen Rückgang der Preise ausgeglichen werden, also durch Deflation. Deflation aber ist in der Regel mit wirtschaftlicher Stagnation, Rezession oder Depression verbunden.

Vollends unmöglich erschien es schließlich, neben dem Papiergeld das sich ausbreitende Giralgeld als einlösbaren

Anspruch auf die Goldreserven der Zentralbank zu behandeln. Als daher schließlich der Geldwert aus seiner Bindung an den Goldwert gelöst wurde, war er keinen natürlichen Beschränkungen mehr unterworfen. Er war von diesem Zeitpunkt an nur noch ein Artefakt staatlicher Geldpolitik. Der Staat musste durch Erlass entsprechender Regeln gewährleisten, dass kein inflationstreibender Überschuss an Geld in Umlauf kam, die umlaufende Geldmenge aber auch nicht schrumpfte.

Dass es dem Staat hierfür, für den Umgang mit einem vom Gold vollständig losgelösten Geldsystem, an Sachverstand zunächst empfindlich mangelte, war in der Folgezeit an langen Perioden chronischer Geldentwertung ablesbar und an vielen akuten Krisen des Geldsystems wie Hyperinflation und Deflation und erratischen Wechselkurs- und Zinsentwicklungen. Auch die vielen fehlgeschlagenen Versuche, die entglittene Herrschaft über den Geldwert nachträglich durch Preiskontrollen, Devisenbewirtschaftung und andere symptombekämpfende Maßnahmen wiederzugewinnen, zeugten von der Unfähigkeit der einschlägigen Politik. Ein funktionsfähiges Surrogat für die aufgegebene Bindung des Geldes an das Gold war lange Zeit nicht in Sicht.

Aus den vielen geldpolitischen Fehlschlägen nach der Abkehr vom Goldstandard wurden natürlich praktische Lehren gezogen, aber am Mangel an geldpolitischem Sachverstand änderte dies wenig. Ein Grund hierfür war, dass die Erscheinungsformen des Geldes sich weiter wandelten. Zu den neuen Herausforderungen für die Theorie und die Politik des Geldes gehörte die Entstehung weltweit elektronisch vernetzter Geld- und Kapitalmärkte, auf denen in zuvor unvorstellbarer Schnelligkeit und Größenordnung spekulative Transaktionen vorgenommen wurden wie der Wechsel zwischen Währungen und zwischen kurzfristig verfügbarem Geld und längerfristig angelegtem Geldkapital. Geldtransaktionen standen damit zu einem immer geringen Anteil noch unmittelbar mit realwirtschaftlichen Transaktionen in Zusammenhang. Den Zentralbanken ist es nicht gelungen, ihre Regeln, Prinzipien und Instrumente dieser tiefgreifenden Veränderung des Geldwesens auf überzeugende Weise anzupassen. Es ist zu erwarten, dass dieses Problem sich künftig – u. a. durch die Verbreitung von Kryptowährungen und neuen Finanztechnologien außerhalb des traditionellen Bankenwesens – weiter verschärfen wird.

In der zweiten Hälfte des letzten Jahrhunderts lag der Schwerpunkt der Geldpolitik größtenteils bei der Beherrschung der Inflation. Hierbei hatte es den Anschein, dass Zentralbanken für diese Aufgaben prinzipiell über das notwendige Instrumentarium verfügen. Unklar blieb aber, wie Inflationsbekämpfung möglichst kontinuierlich, ohne jähe Umschwünge und vermeidbare Härten für die Wirtschaft und die Bürger gelingen kann. Unklar ist weiterhin auch, ob und wie Zentralbanken Vermögenspreisinflationen und der damit verbundenen Gefahr von Finanzmarktkrisen – wie in den Jahren 2007 bis 2009 – vorbeugen können.

Die Krise dieser Jahre hat zudem neue Zweifel aufkommen lassen, ob die Geldpolitik in ihrer bestehenden Organisationsform von Regierungen – und damit auch von Parteien – hinreichend unabhängig ist. So liegt z. B. der Verdacht nahe, dass die US-Zentralbank sich in den Jahren vor der letzten Finanzmarktkrise hat verleiten lassen, mit expansiver Geldpolitik die Deckung des mit dem Irakkrieg verbundenen enormen staatlichen Finanzbedarfs zu erleichtern. So gerieten nicht nur die Prinzipien und das Instrumentarium der US-Zentralbank in Misskredit, sondern es gab auch berechtigte Zweifel an deren politischer Standhaftigkeit.

Es wundert nicht, dass der Fokus der Geldpolitik sich wiederholt im Lichte aktueller Erfahrungen verschoben hat. Das Ziel der Geldwertstabilität wurde häufig überlagert oder verdrängt von Zielen wie der Sicherung der Bankenliquidität oder der Stabilisierung von Wechselkursen. Auf längere Sicht legten die Zentralbanken ihr Hauptaugenmerk aber doch immer wieder auf die Geldwertstabilität. Zu diesem Zweck mussten sie die Banken daran hindern, die Geldmenge durch überbordende Kreditgewährung ausufern zu lassen.

In jüngerer Zeit sind neben Inflations- auch zunehmend Deflationsszenarien in den Fokus der Geldpolitik geraten. Im Euro-Raum und lange zuvor schon in Japan hat sich gezeigt, dass Zentralbanken selbst unter voller Ausschöpfung ihres herkömmlichen Instrumentariums Deflationstendenzen nicht immer hinreichend entgegentreten können. So hatte z. B. die Europäische Zentralbank in der jüngeren Vergangenheit keine Mühe, einem dauerhaften Überschießen der Inflation über die gesetzte Zielmarke von knapp zwei Prozent vorzubeugen. Sie war aber lange Zeit damit überfordert, ein unerwünschtes Absinken der Inflation unter diesen Zielwert zu verhindern. Dies ließ sogar Unsicherheit aufkommen, ob dieser Zielwert auf dem richtigen Inflationsbegriff beruhte, ob er sich also auf die aktuelle, die erwartete, die statistisch gemessene oder gar die von den Bürgern gefühlte Geldentwertungsrate beziehen sollte und welche Güter bei der Berechnung zu berücksichtigen seien.

Angesichts solcher Unsicherheiten kommt man nicht umhin, eine Krise der Geldpolitik und ihrer Institutionen zu diagnostizieren.

2
Die Institutionen der Geldpolitik

Zentralbanken haben im Umgang mit dem Geld in seinen modernen Erscheinungsformen im Lauf der Zeit Fortschritte gemacht. Sie haben genügend pragmatischen Sachverstand entwickelt, um das Geldsystem vor den schlimmsten inflatorischen oder deflatorischen Turbulenzen zu bewahren. Zumindest in den hoch entwickelten Staaten sind Hyperinflation wie in Deutschland in den zwanziger Jahren des letzten Jahrhunderts oder eine tiefe Weltwirtschaftskrise wie in den dreißiger Jahren nicht mehr zu befürchten. Diese Fortschritte reichten aber nicht aus, um Finanzmarktkrisen und starke Konjunkturschwankungen auszuschließen.

Einer erfolgreicheren Geldpolitik stand lange Zeit noch ein anderes Verständnisproblem im Weg. In der Theorie wurde immer klarer, wie die schlimmsten Auswüchse von Inflation, Deflation, Wechselkurs- und Zinsausschlägen zu verhindern wären, aber unklar schien, welche politischen

Institutionen den Aufgaben der Geldpolitik am ehesten gewachsen wären.

Dass zur Lösung neuartiger Probleme auch eine neuartige Institutionalisierung des einschlägigen Sachverstandes erforderlich sein kann, war lange eine kaum beachtete Erkenntnis gewesen. Sie wurde immer wieder von dem konservativen Reflex verdrängt, die Zuständigkeit für neuartige Aufgaben alten Institutionen zu übertragen.

In der Geldpolitik wurde aber früher als in anderen Politikbereichen erkannt, dass bestehende Institutionen den verfügbaren Sachverstand oft nur mangelhaft zur Problemlösung nutzen. Auch als längst brauchbare Vorstellungen davon bestanden, wie man den Wert des Geldes sichern könnte, kam es in vielen Staaten immer noch zu unkontrollierten Inflationsschüben mit all ihren negativen wirtschaftlichen Folgen. Hiervon waren auch alte etablierte und junge neue Demokratien nicht ausgenommen. So war z. B. in vielen postsozialistischen Staaten der Übergang von der sozialistischen Autokratie zur Demokratie zugleich ein Übergang zu einer stark inflationären, teilweise sogar hyperinflationären Geldpolitik. Die neuen demokratischen Institutionen konnten den in der altkapitalistischen Welt entwickelten geldpolitischen Sachverstand nicht mit der notwendigen Konsequenz nutzen und nicht hinreichend an die eigenen Gegebenheiten anpassen.

Eine der Hauptursachen hierfür war, dass Politiker in herkömmlichen demokratischen Institutionen der Verlockung ausgesetzt sind, Geldvermehrung zum eigenen zeitweiligen Vorteil zuzulassen. Wo demokratische Regierungen Einfluss darauf hatten, wie viel Papiergeld die Zentralbank drucken und wie viel Giralgeld sie schöpfen ließ, erlagen sie immer wieder den damit verbundenen Versuchungen. Sie ließen z. B. zusätzliches Geld in Umlauf bringen, um kurzfristige Finanznöte des Staates zu beheben, um kurzlebige Wohltaten für Wähler zu finanzieren und um Konjunkturbelebungen auszulösen, die ihrerseits die Wähler günstig stimmen sollten. Hierfür konnte es u. U. schon genügen, überfällige Anpassungen der Regulierung des Bankenwesens aufzuschieben.

Diesen Versuchungen konnten demokratische Staatsführungen nur entgehen, indem sie die Entscheidungsbefugnis in geldpolitischen Angelegenheiten an unabhängige Zentralbanken abgaben. Daher wurden zuerst in Ländern, deren Bürgern an einem stabilen Geld besonders gelegen war, unabhängige Zentralbanken geschaffen. Damit schützten Regierungen sich selbst vor der Versuchung, die Zentralbank aus kurzfristigen eigennützigen Motiven von einer konsequenten Sicherung des Geldwerts abzuhalten.

Dass unabhängige Zentralbanken tatsächlich besser zur Erfüllung geldpolitischer Aufgaben geeignet sind als demokratisch gewählte Regierungen, ist eine historische Tatsache. Dies zeigen Leistungsvergleiche zwischen abhängigen und unabhängigen Zentralbanken, aber ebenso aufschlussreich sind Leistungsvergleiche zwischen der Geldpolitik und anderen Politikbereichen, beispielsweise zwischen der Geldpolitik und der Finanzpolitik. In Staaten mit weitgehend unabhängigen Zentralbanken wurden geldpolitische Zielsetzungen in der Vergangenheit tendenziell besser erfüllt als finanzpolitische. Insbesondere wurde die Stabilität der Währung tendenziell besser gewahrt als die Solidität der Staatsfinanzen.

Dies zeigt, dass der geldpolitische Sachverstand in unabhängigen Zentralbanken besser institutionalisiert ist als der finanzpolitische Sachverstand in herkömmlichen Regierungen. Es legt sogar nahe, dass auch in der Finanzpolitik mehr Vernunft herrschen würde, wenn der zuständige Sachverstand anders, nämlich ähnlich wie in der Geldpolitik institutionalisiert wäre. Es gäbe also gute Gründe, auch der

Finanzpolitik ein hohes Maß an institutioneller Autonomie zu verleihen, auch wenn dies mit einem weitreichenden Umbau der Staatsordnung verbunden wäre.[1]

Auch wenn unabhängige Zentralbanken politisch vergleichsweise standhaft sind, sind sie nicht schon deswegen auch in der Lage, neuen geldpolitischen Herausforderungen gerecht zu werden. Es ist zumindest denkbar, dass auch unabhängige Zentralbanken damit überfordert sind, das Bankenwesen in seiner gegenwärtigen Form dauerhaft zu stabilitätskonformem Verhalten zu zwingen; dass sie also die Geld- und Kreditschöpfung der Banken selbst mit noch ausgeklügelteren Regelwerken nicht hinreichend werden lenken können.

Eine mögliche Konsequenz daraus wäre dann, den Banken die eigenständige Geldschöpfung zu versagen. Banken könnten gezwungen werden, als Sicherheit für die Giroguthaben ihrer Kunden in gleicher Höhe eigene Guthaben bei der Zentralbank zu halten.[2] Alternativ könnte vorgeschrieben werden, dass Bankkunden ihre Giroguthaben nicht mehr auf Konten der Geschäftsbanken halten, sondern auf Konten der Zentralbank. Neues Geld könnte dann nur in Umlauf kommen, wenn die Zentralbank es selbst zur Verfügung stellte.[3] In solchen Systemen hätten Zentralbanken die direkte Kontrolle über die umlaufende Geldmenge. Eines ausgeklügelten Regelwerks zur Kontrolle der Geldschöpfung durch die Geschäftsbanken bedürfte es daher nicht.

Solche Reformen würden der Zentralbank zwar eine präzise Steuerung des Geldmengenwachstums ermöglichen, aber damit allein würde noch keine kompetentere Geldpo-

---

[1] Zum Konzept einer autonomen Fiskalpolitik s. auch Wehner (1995, Kap. 11, *Die Logik der Finanzpolitik*) und Wehner (1992b).
[2] S. Fisher (1935).
[3] Huber (2010), Gudehus (2016). Huber bezeichnet das Giralgeld in diesem System als „Vollgeld".

2 Die Institutionen der Geldpolitik

litik gewährleistet. Es ist alles andere als sicher, dass eine allein der Zentralbank obliegende Geldschöpfung eine weise Geldpolitik gewährleisten würde. In einem solchen System wäre die Zentralbank jederzeit allein dafür verantwortlich, dass Geldschöpfung im richtigen Maß, zur richtigen Zeit und am richtigen Ort geschähe, und damit hätte sie eine wesentlich komplexere Aufgabe als in der Vergangenheit. Wenn aber Zentralbanken schon im bestehenden System überfordert sind, dann wären sie es mit einer solchen komplexeren Aufgabe erst recht.

Die dezentrale Geldschöpfung der Banken im herkömmlichen System kann zwar von den Zielvorstellungen der Zentralbank immer wieder abweichen, aber ausgelöst wird dies vom aktuellen Kreditbedarf der Bankkunden. Ein eigendynamisches „Atmen" einer dezentral geschöpften Geldmenge darf daher nicht als Abweichung von einem als sicher geltenden Optimum verstanden werden. Eine direkte und ausschließliche Geldschöpfung durch die Zentralbank könnte mithin mehr Risiken bergen als Chancen. Vielversprechender wäre es, den Zentralbanken neuartige Instrumente und Regeln für die Stabilisierung der Wirtschaft und des Geldwesens an die Hand zu geben.

3

Der geldpolitische Auftrag – multiple Ziele oder klarer Fokus?

Auch die Institutionalisierung des geldpolitischen Sachverstands in unabhängigen Zentralbanken und die Fortschritte im Verständnis vom modernen Geld reichten nicht aus, um ein wirklich nachhaltiges Handlungskonzept für die Geldpolitik zu entwickeln und in der Praxis durchsetzen.

Weitgehende Übereinstimmung besteht bisher allein darüber, welches Ziel Zentralbanken mit ihrer Politik vorrangig verfolgen sollen. Zentralbanken haben den gesetzlichen Auftrag, vorrangig für die Stabilität des Preisniveaus zu sorgen. Aber auch hierbei gibt es natürlich Deutungsspielräume. Konsens besteht immerhin darüber, dass die Preisstabilität nicht absolut sein muss, sondern dass eine moderate Preissteigerungsrate dauerhaft hingenommen werden sollte. Dies erleichtert nicht nur notwendige Anpassungsprozesse im Lohn- und Preisgefüge, sondern es ermöglicht ggf. auch die Vernichtung überschüssigen Geldkapitals durch schleichende Entwertung. Eine moderate Inflation sollte daher zugelassen werden, aber es sollte dafür gesorgt werden, dass sie möglichst kontinuierlich und damit vorhersehbar verläuft.

Die Europäische Zentralbank hat sich das Ziel gesetzt, die Inflationsrate in der Eurozone knapp unter zwei Prozent zu halten. Aber selbst bei einem vermeintlich so klaren und plausiblen Ziel kann es in der konkreten Umsetzung noch Dissens z. B. über die zu verwendende Definition und Messmethode der Inflation geben. Insofern macht auch eine solche Festlegung die Politik der Zentralbanken nicht wirklich berechenbar, und sie schützt daher nicht vor vermeidbarer wirtschaftlicher Unsicherheit.

Mit der Festlegung auf ein moderates Inflationsziel sind die Gewissheiten in Fragen der Geldpolitik schon weitgehend erschöpft. Ungeklärt bleibt u. a., ob Zentralbanken neben der Geldwertstabilität weitere Ziele verfolgen und inwieweit sie auf die Belange anderer Politikbereiche Rücksicht nehmen sollen. Dies betrifft auch Zentralbanken, die weitgehende politische Unabhängigkeit genießen.

In dieser Frage spielen nicht nur die Begehrlichkeiten von Politikern, sondern auch Tradition und Ideologie weiterhin eine wesentliche Rolle. Auch formell unabhängige Zentralbanken waren in ihren geldpolitischen Entscheidungen nie vollständig frei, weder de facto noch auch de jure. So wurden in Systemen fester Wechselkurse die Paritäten nicht von der Zentralbank, sondern von der Regierung festgelegt. Die Zentralbanken hatten nur dafür zu sorgen, dass diese Paritäten auf den Devisenmärkten so lang wie irgend möglich Bestand hatten. Dadurch waren sie gezwungen, in großen Mengen Fremdwährungen zu kaufen oder zu verkaufen, aber indem sie dies taten, veränderten sie zugleich die Geldmenge. Diese Veränderung der Geldmenge wiederum hatte Auswirkungen auf die Preisentwicklung, die Konjunktur und die Beschäftigung. Eine wirklich eigenständige, von der

Regierung unabhängige Stabilitätspolitik war der Zentralbank unter solchen Bedingungen nicht möglich.

Solche Erfahrungen legen nahe, dass Geldpolitik auf Dauer nicht mehreren Zielen zugleich erfolgreich dienen kann. Trotzdem bestehen in der Politik und auch unter Experten in dieser Frage noch stark divergierende Ansichten. So ist z. B. die US-Zentralbank nicht nur stärker vom Parlament kontrolliert als etwa die Europäische Zentralbank, sie hat auch den expliziten gesetzlichen Auftrag, neben der Preisstabilität u. a. für einen höchstmöglichen Beschäftigungsstand und moderate langfristige Zinsen zu sorgen. Darüber hinaus soll sie offenbar auch in stärkerem Maß wirtschaftlichen Gruppen- und Brancheninteressen Rechnung tragen als andere Zentralbanken. Darauf lässt zumindest die immer noch bestehende gesetzliche Vorgabe schließen, dass in ihrem Direktorium die Interessen von Landwirtschaft, Handel, Industrie, Dienstleistungen, Arbeitnehmern und Verbrauchern vertreten sein müssen.[1]

Der Zentralbank möglichst viele Ziele aufzubürden, war für Politiker, Parteien, Parlamente und Regierungen natürlich immer verlockend. Solange Geld noch ein Umtauschanspruch auf das Gold der Zentralbank war, konnte die Zentralbank kaum mehr versprechen und kaum mehr tun, als diesen Anspruch erfüllbar zu halten. Als das Geld aber seine vom Gold losgelöste Erscheinungsform annahm, eröffneten sich der Geldpolitik ungeahnte Handlungsspielräume. Es schien, als könnte die Zentralbank für alle politischen Ziele, die auf irgendeine Weise mit Geld erreichbar waren, mittelbar oder unmittelbar instrumentalisiert werden. Als potenzielle Geldgeberin des Staates, der Banken und damit letztlich der gesamten Wirtschaft konnte sie für die Finanzierung öffentlicher Aufgaben und darüber hinaus

---

[1] S. den Federal Reserve Reform Act of 1977.

für Konjunktur, Wachstum und Beschäftigung in Mitverantwortung genommen werden.

Genau dies ist immer wieder geschehen. Das originäre Ziel der Geldpolitik, den Geldwert zu bewahren, wurde damit in einen vieldimensionalen Zielkomplex eingebunden, und damit wurde die stabilitätspolitische Aufgabe zwangsläufig relativiert. Geldpolitik wurde so auf vielfältige Weise mit anderen Politikbereichen verflochten, von der Fiskalpolitik über die Beschäftigungspolitik und die Verteilungspolitik bis zur Durchsetzung nationaler Wirtschaftsinteressen gegenüber Handelspartnern. Dabei konnte Geldpolitik natürlich immer auch – bewusst oder unbewusst – von Politikern und Parteien als Mittel zum Machterhalt eingesetzt werden.

Die Neigung, das stabilitätspolitische Ziel zu relativieren, wuchs vor allem dann, wenn die Arbeitslosigkeit unerwartet anstieg. So wurde in der zweiten Hälfte des letzten Jahrhunderts in Westeuropa ein langfristiger Anstieg der Arbeitslosigkeit von vielen als rein konjunkturelles Phänomen missdeutet und einer zu restriktiven Politik der Zentralbanken angelastet. Viele Politiker waren daher lange der falschen Hoffnung erlegen, das Beschäftigungsproblem ließe sich allein durch Lockerung der Geldpolitik lösen, ggf. begleitet von einer Steigerung der Staatsausgaben.

Vor der Einbindung in einen vieldimensionalen gesellschaftlichen Zielkomplex blieben auch formell unabhängige Zentralbanken nicht bewahrt. Selbst der gesetzliche Auftrag an die Deutsche Bundesbank sah eine solche Verknüpfung der Geldpolitik mit anderen Politikbereichen vor. In § 12 des Bundesbankgesetzes heißt es seit jeher: „Die Bundesbank ... unterstützt die allgemeine Wirtschaftspolitik der Bundesregierung." Auch wenn dies vormals mit der Aufforderung verknüpft war, die stabilitätspolitische Aufgabe zu wahren, und später unter den Vorbehalt der Vereinbarkeit mit den Aufgaben im Europäischen Zentralbanksystem gestellt wurde, ist es doch als Relativierung der stabilitätspolitischen Mission interpretierbar. Dass sich hieraus eine Verpflichtung der Bundesbank ableiten ließ, ggf. eine finanzpolitisch ausgelöste konjunkturelle Fehlentwicklung vorübergehend zu tolerieren, zeigte sich u. a. bei der Finanzierung der deutschen Wiedervereinigung.

Dass solche Rücksichtnahme der Geldpolitik auf die Belange anderer Politikbereiche auf Dauer Nutzen gestiftet hätte, ist nirgendwo erkennbar. Dies gilt z. B. für eine Geldpolitik, die auf eine stabilitätswidrige Fiskalpolitik nicht entschlossen mit eigenen Stabilisierungsmaßnahmen reagiert. Aus der verlockenden Idee, Geldpolitik in ein vieldimensionales Zielmodell einzubetten, ist daher nirgendwo ein kohärentes geldpolitisches Konzept hervorgegangen. Zusammenhänge zwischen den Regeln der Geldpolitik und den Regeln anderer Politikbereiche ließen sich immer nur mit kurzfristigen Argumenten begründen. Wo Stabilitätspolitik vielen Zielen zugleich dienen sollte, endete dies oft in verzweifelten Versuchen, den Geldwert durch staatliche Preiskontrollen zu sichern – bis am Ende die Verantwortung für die Geldwertstabilität doch wieder ganz auf die Zentralbank zurückverlagert wurde.

Eine auf viele Ziele gleichzeitig verpflichtete Geldpolitik hätte Vertrauen gewinnen können, wenn für deren Umsetzung verlässliche Regeln gefunden worden wären. Solche vieldimensionale Geldpolitik ist aber immer eine Ad-hoc-Politik geblieben. Auch in der Wissenschaft verbreitete sich daher die Neigung, sich mit dem Ad-hoc-Charakter der Geldpolitik mehr oder weniger abzufinden. Weil zeitgemäße neue Regeln nicht in Sicht schienen, wurde umso mehr Aufmerksamkeit der Frage gewidmet, welche impliziten Regeln sich aus den Entscheidungen der Zentralbank herauslesen lassen. Regeln aber, die aus vergangenen geldpolitischen Entscheidungen hergeleitet sind, können natürlich wenig normative Kraft für die Zukunft entfalten.[2]

So bleibt es dabei, dass es einer mehrdimensionalen, auf mehrere Ziele zugleich abzielenden Geldpolitik an nachvollziehbaren, plausiblen und hinreichend anerkannten Regeln fehlt. Die Entwicklung solcher Regeln ist auch für die Zukunft nicht absehbar. Daher kann eine solche mehrdimensionale Politik der Zentralbank nicht aus dem Stadium einer Ad-hoc-Politik heraustreten. Sie kann daher auch nicht verhindern, dass Geldpolitik letztlich immer wieder personalisiert wird und Vertrauen in das Geldsystem sich eher auf Vertrauen in Personen als auf System- und Regelvertrauen gründet. Dem sich verbreitenden Eindruck, geldpolitische Entscheidungen seien letztlich doch immer wieder Bauchentscheidungen, haben Zentralbanken unter solchen Umständen wenig entgegenzusetzen.

---

[2] Dies gilt auch für eine der meistdiskutierten geldpolitischen Regeln der letzten Jahrzehnte, die so genannte Taylor-Regel (Taylor 1993). Diese hat vor allem deswegen hohe Resonanz gefunden, weil sie mit den zurückliegenden geldpolitischen Entscheidungen der US-Zentralbank gut vereinbar war. Verlässliche Orientierung kann diese Regel aber schon deswegen nicht geben, weil sie geldpolitischen Handlungsbedarf aus nicht objektiv messbaren Größen wie der so genannten Produktionslücke herleitet.

4

Fokussierte Politik mit herkömmlichen Mitteln

Dass eine Geldpolitik, die mit ihren begrenzten Mitteln mehreren Zielen zugleich dienen soll, systematisch überfordert sein könnte, war natürlich schon immer ein naheliegender Gedanke. Es lag daher schon immer nahe, dass Zentralbanken sich ganz auf das übergeordnete Ziel der Geldwertstabilität konzentrieren sollten. Dieser Gedanke hat auch die gesetzlichen Aufträge an die Zentralbanken großenteils geprägt.

Dies allein macht aber Geldpolitik natürlich nicht zu einer einfachen Angelegenheit. Dies ist schon deswegen nicht möglich, weil von den Ursachen inflationärer und deflationärer Prozesse noch immer sehr verschiedene und diffuse Vorstellungen herrschen. Zentralbanken wurden im Lauf der Zeit aber zumindest tendenziell standhafter in ihrer Weigerung, amtierende Regierungen mit einer Politik des leichten, auf lange Sicht inflationstreibenden Geldes zu unterstützen. Damit löste die Geldpolitik sich zu einem gewissen Grad aus allzu komplexen Zusammenhängen und sie wurde dementsprechend einfacher in der praktischen Handhabung. Damit verbesserten sich auch die Aussichten auf geldpolitische Modelle, die ein verlässliches regelgeleitetes Handeln ermöglichen.

Die derart bescheidenere Geldpolitik konnte sich zunächst aber nur auf eine einzige wirklich verlässliche Gewissheit stützen. Dies war die alte intuitive Einsicht, dass Geld in irgendeiner Weise knapp sein muss, um werthaltig zu sein; dass also Geld, dessen Wert stabil bleiben sollte, nicht in beliebigem Umfang neu gedruckt bzw. geschöpft werden darf. Diese relativ abstrakte Einsicht galt es nun in möglichst verbindliche Regeln zu fassen.

Zu diesem Zweck mussten zum einen objektive Kriterien für die Knappheit des Geldes gefunden werden. Nur anhand solcher Kriterien könnten Zentralbanken objektiv bestimmen, wie viel Geld zusätzlich in Umlauf zu bringen oder dem Geldkreislauf zu entziehen wäre. Zum anderen bedurften Zentralbanken natürlich auch klarer Vorstellungen davon, mit welchen Mitteln das Geld gegebenenfalls knapper bzw. weniger knapp zu machen war.

Letzteres war weitgehend unstrittig. Um den Giralgeldbestand zu steuern, müssen Zentralbanken vor allem dafür sorgen, dass die Geschäftsbanken nicht zu wenig und nicht zu viel neue Kredite vergeben. Dies tut die Zentralbank hauptsächlich, indem sie ihrerseits die Kredite, die sie den Banken einräumt, teurer und damit knapper oder billiger und damit reichlicher macht. Von solchen Maßnahmen der Zentralbank ist es zwar ein relativ weiter Wirkungsumweg zur Stabilität der Preise. Da ihr aber wirkungsmächtigere Instrumente nicht zur Verfügung standen, musste die Geldpolitik sich mit solcher indirekten Einflussnahme begnügen.

Unter diesen Umständen unterschieden sich geldpolitische Konzepte hauptsächlich darin, wie dieses indirekte Instrumentarium angewendet wird. Es unterschied sich insbesondere darin, woran die Knappheit des Geldes gemessen wird.

4 Fokussierte Politik mit herkömmlichen Mitteln

Die Wahl eines geldpolitischen Modells war damit zunächst einmal die Wahl der Messgröße, von der auf die Knappheit des Geldes – und auf deren Abweichung vom stabilitätskonformen Soll – geschlossen wird. Es gibt daher so viele Grundmodelle der monetären Stabilitätspolitik, wie es geeignete Messgrößen für die Knappheit des Geldes gibt.

Auf die Frage aber, woran sich die Knappheit des Geldes objektiv ablesen lässt, sind überzeugende Antworten ausgeblieben. Zentralbanken fanden sich daher großenteils damit ab, dass sie die Knappheit des Geldes letztlich doch nur indirekt an den nachträglichen Auswirkungen auf die gemessene Inflationsrate einschätzen konnten. Sie machten daher das Geld knapper, wenn bereits ein unerwünschter Verfall des Geldwertes zu beobachten war. Bis solche Eingriffe sich aber vollständig auf die Preissteigerungsrate auswirken, können Jahre vergehen. Wenn Maßnahmen der Zentralbank sich an der laufenden Inflationsrate orientieren, entfalten sie ihre Wirkung daher erst zu einem Zeitpunkt, für den keine fundierten Konjunkturprognosen erstellt werden können. Dies birgt ein erhebliches Risiko, konjunkturelle Auf- und Abschwünge noch zu verstärken.

Damit wollte man sich in der geldpolitischen Theorie und Praxis natürlich nicht auf Dauer abfinden. Eine naheliegende Schlussfolgerung war, die stabilitätskonforme Geldmenge mit Formeln zu ermitteln, die aus historischen Daten zum Zusammenhang von Geldmengenentwicklung und Inflation hergeleitet wurden. Daraus ergaben sich für Zentralbanken vergleichsweise klare Handlungsempfehlungen. Sie mussten nur ihre verfügbaren Instrumente der Geldmengensteuerung zum Einsatz bringen, sobald die Geldmenge vom errechneten stabilitätskonformen Sollwert abwich.

Auch dieses auf den ersten Blick einfache Konzept hat – trotz vorübergehender Erfolge in der Anwendungspraxis – die Geldpolitik aber nicht wieder zu einem für die Marktteilnehmer durchschaubaren Geschäft gemacht. Die

Geldmenge mag im Vergleich zur Inflationsrate eine bessere Orientierungsgröße für geldpolitisches Handeln sein, aber die Fragen, wie genau diese Geldmenge zu definieren und wie ihr Sollwert zu ermitteln ist, erwiesen sich letztlich als zu komplex. Einer der Gründe hierfür ist, dass das Preisniveau immer nur von dem Geld beeinflusst wird, das aktuell ausgegeben wird. Dieses Geld ist daher abzugrenzen von längerfristig angelegtem Geldvermögen, das nicht kurzfristig in Nachfrage nach Wirtschaftsleistungen umgesetzt wird, aber auch von dem Geld, das für spekulative Finanztransaktionen jeglicher Art vorgehalten wird. Allein wegen dieses Abgrenzungsproblems konnte kein schlüssiges Modell der Geldmengensteuerung entstehen.

Diese Abgrenzungsproblematik wurde durch nachfolgende Entwicklungen auf den Finanzmärkten weiter verschärft. Die Finanzwirtschaft entwickelte immer differenziertere Einlage- und Anlageformen, bei denen immer schwerer zu entscheiden war, ob es sich um nachfragewirksames Geld oder um längerfristig angelegtes Geldkapital handelte. Gleichzeitig wurden die Umwandlungstransaktionen von Geld in Geldkapital zunehmend einfacher, und die Marktteilnehmer nahmen solche Umwandlungen daher aus zunehmend geringeren Anlässen vor. Dies hatte auch erhebliche Auswirkungen auf die so genannte Umlaufgeschwindigkeit des Geldes. Es war immer noch klar, dass die Geldmenge irgendwie gesteuert werden musste, aber es war immer weniger klar, welche Geldmenge wie groß sein sollte. Die Geldpolitik konnte nie sicher sein, ob ihre Zielwerte auf einer unzeitgemäßen Geldmengendefinition beruhten und ob Veränderungen der Geldumlaufgeschwindigkeit ihre Zielvorgabe obsolet gemacht hatten. Notgedrungen wurde daher die Soll-Geldmenge bzw. deren Wachstumsrate immer wieder der aktuellen Datenlage und deren intuitiver Deutung angepasst.

4 Fokussierte Politik mit herkömmlichen Mitteln 25

Auf diese Weise wurde aus einer anfänglich konsequenten, langfristig regelgeleiteten Geldmengenpolitik de facto wieder eine diskretionäre Ad-hoc-Politik, die neben der Geldmenge nach Bedarf zusätzliche Orientierungsgrößen zu Hilfe nahm. Dabei spielte auch die Orientierung an der aktuellen Inflationsrate doch wieder eine wesentliche Rolle.

Damit wandelte sich die anfänglich erfreulich transparente, regelgeleitete und entsprechend unbeirrbare Geldmengenpolitik doch wieder zu einer Geldpolitik gewöhnlicher Qualität. So konnte Geldpolitik wieder anfälliger für Ansprüche aus anderen Politikbereichen werden und in einer Währungsunion auch anfälliger für die partikularen Ansprüche einzelner Mitgliedsländer.

Vor diesem Hintergrund wurde natürlich weiter nach brauchbaren Orientierungsgrößen für die Geldpolitik gesucht. So wurde z. B. erwogen, ob die Geldpolitik versuchen sollte, das Wachstum der nominalen, also nicht inflationsbereinigten Wirtschaftsleistung möglichst konstant zu halten, oder ob sie die Inflationserwartungen auf möglichst konstantem Niveau halten sollte. Aber auch solche Konzepte geben Zentralbanken keine klare Orientierung, wann und in welchem Maße sie expansiv oder restriktiv eingreifen müssen. Sie weisen keinen Ausweg aus der intuitionsgeleiteten Ad-hoc-Politik.

Solchen herkömmlichen Ansätzen der Geldpolitik wird daher im Folgenden ein alternatives Modell der Stabilitätspolitik gegenübergestellt. Dieses Modell definiert die von der Geldpolitik anzustrebende Stabilität auf zeitgemäßere Weise, es erfüllt die Anforderungen der Transparenz und Simplizität, und vor allem liefert es der Geldpolitik unzweideutige Signale zu ihrem Handlungsbedarf.

5

Ein Alternativmodell: die Stabilisierung des langfristigen Zinses

Die Suche nach einem neuen Konzept der Geldpolitik muss mit dem Eingeständnis beginnen, dass eine an herkömmlichen Größen wie der Geldmenge, der aktuellen Inflationsrate oder dem Produktionspotenzial ausgerichtete Geldpolitik keinen Fortschritt mehr verspricht. Es muss also eine neue Orientierungsgröße gefunden werden, die viel klarer als alle bisherigen erkennen lässt, ob, wann, womit und in welcher Dosierung Zentralbanken zu intervenieren haben.

Eine solche Orientierungsgröße muss präzise definiert sein und sie muss präzise messbar sein. Diese Anforderung konnte in einem System fester Wechselkurse der Kurs der eigenen Währung erfüllen. Wenn ihr der Wechselkurs vorgegeben ist, kann eine Zentralbank zumindest auf lange Sicht keine anderen Ziele als die Einhaltung dieses Wechselkurses verfolgen. Sie kann es zumindest dann nicht, wenn sie das Risiko eines Zusammenbruchs des Wechselkursgefüges dauerhaft ausschließen will. Dann ist ihr durch außenwirtschaftliche Entwicklungen vorgegeben, ob, wann, womit und in welcher Dosierung sie intervenieren muss. Insofern ist Geldpolitik in einem System fester Wechselkurse eine vergleichsweise einfache Aufgabe.

Solange es funktioniert, bringt ein System fester Wechselkurse zumindest Ländern mit starker außenwirtschaftlicher Verflechtung offensichtliche Vorteile. Die Festlegung auf die Sicherung des Wechselkurses führt aber früher oder später dazu, dass wichtigere stabilitätspolitische Ziele vernachlässigt werden. Sie kann inflationäre oder deflationäre Folgen haben und damit negative Auswirkungen auf Konjunktur und Beschäftigung.

Eine ideale Orientierungsgröße würde daher die Geldpolitik so einfach machen wie in einem System fester Wechselkurse, ohne sie auf ein so einseitiges, nebenwirkungsträchtiges und auf Dauer doch kaum erfüllbares Ziel zu verpflichten. Die neue Orientierungsgröße sollte zudem in einem engeren Zusammenhang mit der Geldwertstabilität stehen als die – wie auch immer definierte – Geldmenge. Mit der Stabilisierung dieser neuen Orientierungsgröße sollte sich also möglichst selbsttätig eine Stabilisierung des Geldwerts in den gewünschten engen Grenzen einstellen. Dies sollte zudem auf möglichst einfache, direkte und entsprechend verständliche Weise geschehen.

Diese Anforderungen lassen bei der Wahl der neuen geldpolitischen Orientierungsgröße wenig Spielraum. Klar ist damit, dass aus Statistiken hergeleitete Mengenaggregate wie gesamtwirtschaftliche Wertschöpfung oder Geldmengen hierfür nicht in Frage kommen. Einfacher und erfolgversprechender wäre es, wenn die Geldpolitik sich an einer ebenso eindeutigen Preisgröße orientieren könnte, wie es beim Goldpreis oder dem Wechselkurs der Fall war. Die Frage ist daher, ob es eine geeignete Preisgröße gibt, die der Stabilitätspolitik mindestens so klare Orientierung gäbe wie der Goldpreis oder der Wechselkurs.

5 Ein Alternativmodell: die Stabilisierung des …

In einer hoch entwickelten Wirtschaft kann es natürlich kein einzelnes Gut geben, dessen Preis eine solche Schlüsselrolle für den Geldwert spielen könnte wie früher das Gold. Dennoch gibt es einen Preis, der mit der Geldwertstabilität immer in sehr engem Zusammenhang steht. Dieser Preis ist der Zins. Es ist, genauer gesagt, der Zins für längerfristig ge- und verliehenes Geld.

Der Zusammenhang zwischen längerfristigem Zins und der Geldwertstabilität ergibt sich aus dem wirtschaftlichen Kalkül von Geldgebern und Kreditnehmern. Je höher die erwartete Geldentwertungsrate, desto höhere Zinsen verlangen Kapitalanleger für ihr langfristig ausgeliehenes Geld. Sie verlangen im Zins einen Ausgleich dafür, dass das Geld zum Zeitpunkt der Rückzahlung voraussichtlich weniger wert sein wird als zum Zeitpunkt der Hergabe. Eine geringe langfristige Inflationserwartung ist daher Voraussetzung dafür, dass Kapitalgeber sich mit einem niedrigen Zins für längerfristige Geldanlagen zufriedengeben. Aus demselben Grund sind Kreditnehmer bereit, bei einer höheren Inflationsrate einen höheren Zins zu zahlen. Die über die Laufzeit des Kredites eintretende Geldentwertung verringert die reale Last der Geldschuld und schafft damit finanzielle Spielräume für höhere Zinszahlungen.

Die Zentralbank kann daher den langfristigen Zins nicht erfolgreich niedrig halten, ohne zugleich die Inflationserwartung niedrig zu halten. Und umgekehrt: Sie kann den langfristigen Zins nicht hoch halten, ohne die Inflationserwartung hoch zu halten. Sie kann also auch den langfristigen Zins nicht auf einem moderaten Niveau halten, ohne dass auch die Inflationserwartung moderat bleibt. Die erwartete Inflation wäre dann zwar nicht moderat, *weil* der langfristige Zins moderat ist, aber sie wäre es immer, *wenn* er es ist. Wenn also die Zentralbank Mittel fände, den langfristigen Zins stabil zu halten, würde sie damit auch die erwartete Inflation in engen Grenzen halten. Die erwartete

Inflation wiederum hält sich auf Dauer nur dann in engen Grenzen, wenn auch die tatsächliche Inflation es tut. Zumindest langfristig bewegen sich die tatsächliche Inflation und die langfristig erwartete Inflation in einem annähernd gleichen Schwankungsbereich.

Daher soll hier ein alternatives Konzept der Stabilitätspolitik untersucht werden, dessen Steuerungsgröße der langfristige Zins ist. Dieses Alternativmodell wird hier als **Festzinsmodell** bezeichnet.

> **Definition:**
>
> Das **Festzinsmodell** ist ein Modell der Geldpolitik, bei dem die Zentralbank sich verpflichtet, den Zins für eine von ihr bestimmte langfristige Geldanlage konstant zu halten.

Um das Potenzial des Festzinsmodells ermessen zu können, werden im Folgenden dessen wichtigste Eigenschaften aus Sicht der Wirtschaftsakteure und aus Sicht der Geldpolitiker dargestellt. Aus Sicht der Wirtschaftsakteure ist zu untersuchen, welche konkreten Vor- und Nachteile sie bei Realisierung dieses Modells zu erwarten hätten. Aus Sicht der Zentralbanken ist zu klären, ob und wie eine Stabilisierung des langfristigen Zinses geldpolitisch gelingen kann und ob es hierfür ggf. neuer Steuerungsinstrumente und neuer institutioneller Rahmenbedingungen bedürfte.

5.1 Die Vorteile des Festzinssystems

Von der Frage, ob der langfristige Zins stabil ist, sind all jene unmittelbar berührt, die Geld längerfristig leihen oder verleihen, also längerfristige Kredite aufnehmen oder vergeben wollen. Es sind Unternehmer, die längerfristig investieren wollen, es sind Haus- und Wohnungskäufer, die langfristige Darlehen benötigen, und es sind Sparer und Unternehmen, die langfristiges Geldvermögen bilden wollen.

Diesen Wirtschaftsakteuren würde eine Welt mit festen langfristigen Zinsen offenkundige Vorteile bieten. Investoren brauchten bei Projektplanungen nicht mehr zu befürchten, dass eine unerwartete Zinsentwicklung Investitionsvorhaben unrentabel macht. Darlehensnehmer könnten bei Ablauf von Festzinskontrakten nicht mehr von stark gestiegenen Zinssätzen überrascht werden. Kapitalanleger brauchten nicht mehr zu befürchten, ihr Geld zum falschen Zeitpunkt zu einem unvorteilhaften Zins ausgeliehen zu haben. Für alle, die längerfristige finanzielle Dispositionen treffen wollen, wäre ein verlässliches Entscheidungsumfeld geschaffen. Das Risiko finanzieller Fehlschläge, Engpässe und Zusammenbrüche wäre stark verringert, und die Bereitschaft sowohl zum längerfristigen Investieren wie auch zum längerfristigen Sparen wäre gestärkt. Keine Sparentscheidung, keine Investitionsentscheidung und keine langfristigen Arbeits- und Lieferkontrakte würden mehr wegen Unsicherheit über die Entwicklung der langfristigen Zinsen aufgeschoben oder unterlassen. Die erhöhte höhere Spar- und Investitionsbereitschaft würde daher zu höherer Beschäftigung, gestärktem Wirtschaftswachstum und höherem allgemeinen Wohlstand führen.

Mit einer erfolgreichen Stabilisierung der langfristigen Zinsen wäre zugleich eine wichtige Ursache konjunktureller Instabilitäten eliminiert, nämlich die Spekulationen über die Entwicklung eben dieser Zinsen. Da solche Spekulationen erheblichen Einfluss auf Investitionsentscheidungen haben, verstärken sie zyklische Schwankungen des Investitionsverhaltens. Solange mit einem künftigen Anstieg der langfristigen Zinsen und insofern einer Verteuerung künftiger Investitionen gerechnet wird, ist die momentane

Investitionsbereitschaft vergleichsweise hoch und erhält die Konjunktur daher expansive Impulse. Bei Erwartung sinkender langfristiger Zinsen verhalten sich Investoren, die langfristige Kredite aufnehmen wollen, eher abwartend, und Investitionsbereitschaft und Konjunktur sind entsprechend gedämpft. Dieses Verhalten ist ökonomisch rational, und rational erklärbar ist es daher auch, wenn Hochkonjunkturphasen auf längere ausgeprägte Niedrigzinsphasen folgen und konjunkturelle Schwächephasen auf längere ausgeprägte Hochzinsphasen. Wenn Zentralbanken größere Ausschläge der langfristigen Zinsen unterbinden, verstetigen sie daher die Konjunktur.

Wenn Zentralbanken sich zeitlich unbegrenzt zur Fixierung des langfristigen Zinses verpflichteten, wäre diese konjunkturelle Stabilisierung von Dauer. Es gäbe keine Spekulationen über Anstieg und Absinken der langfristigen Kapitalmarktzinsen mehr und keine destabilisierenden Auswirkungen solcher Spekulationen auf die Wirtschaftsentwicklung. Kein Investor könnte mehr darauf hoffen, durch zeitliche Verschiebung von Investitionen nennenswert günstigere Finanzierungsbedingungen zu erlangen, und niemand würde liquide Mittel horten in der spekulativen Hoffnung, sie in absehbarer Zeit zu einem nennenswert höheren langfristigen Zins verleihen zu können. Damit wären zwei wichtige Ursachen konjunktureller Instabilität eliminiert.

Allein hierdurch wäre das Festzinssystem herkömmlichen geldpolitischen Konzepten schon deutlich überlegen. Es würde nicht nur Unternehmern, Hypothekenschuldnern, Sparern und Kapitalanlegern nützen, sondern mit seinen verstetigenden positiven Wirkungen auf Konjunktur und Beschäftigung auch der Gesellschaft als ganzer. Wenn die Bürger die Wahl hätten zwischen herkömmlicher Geldpolitik mit ihren schwer durchschaubaren Ad-hoc-Entscheidungen und einer Geldpolitik, bei der auf einen so lebenspraktisch bedeutsamen Parameter wie den langfristigen Zins dauerhaft Verlass ist, würde ihnen die Entscheidung sicher nicht schwerfallen. Die Wahl würde zumindest dann eindeutig für das Festzinssystem ausfallen, wenn in diesem System die Inflationsrate nicht oder nur geringfügig stärker schwankte als bei bisher praktizierten Verfahren. Die entscheidenden Fragen sind daher, ob erstens die Festschreibung des langfristigen Zinses wirklich zuverlässig praktikabel ist, und zweitens, inwieweit dadurch monetäre Stabilität preisgegeben oder sogar gewonnen würde.

5.2 Zur Funktionsweise des Festzinssystems

Der Vorschlag, die Zentralbank solle den langfristigen Zins konstant halten, verstößt nicht nur gegen geldpolitische Konventionen, sondern auf den ersten Blick auch gegen marktwirtschaftliche Überzeugungen. Das marktwirtschaftliche Argument hiergegen lautet, die Zinsen für langfristige Kredite und Wertpapiere ergäben sich aus den Interaktionen auf den Kapitalmärkten und könnten daher nicht von der Zentralbank festgelegt werden. Zumindest würden auf immer komplexeren und voluminöseren Kapitalmärkten die Einflussmöglichkeiten der Zentralbank auf den langfristigen Zins immer geringer. Der Versuch, den langfristigen Zins dauerhaft konstant zu halten, sei daher ebenso zum Scheitern verurteilt wie frühere Versuche, in einer Marktwirtschaft das Preisniveau oder die Wechselkurse längerfristig politisch zu verordnen.

Der langfristige Zins lässt sich aber keineswegs nur mit Mitteln steuern, die die Handlungsfreiheit der Marktteilnehmer einengen. Auch bei herkömmlicher Geldpolitik bildet sich der langfristige Zins immer unter einem gewissen Einfluss zurückliegender und für die Zukunft erwarteter geldpolitischer Maßnahmen, auch wenn er nicht direkt als geldpolitische Zielgröße benutzt wird. Die Frage ist daher, ob eine Zentralbank den langfristigen Zins mit marktkonformen Mitteln präzise genug beeinflussen und damit auf einem von ihr gewünschten Niveau halten kann. Um diese Frage zu beantworten, müssen die Komponenten betrachtet werden, aus denen der langfristige Zins sich bildet, und die Einflussfaktoren, denen diese Komponenten unterliegen.

Eine Komponente des langfristigen Zinses ist der Ausgleich für die *erwartete* Geldentwertung, mit der Kapitalmarktakteure über die vereinbarte Laufzeit eines Kontraktes rechnen. Die zweite Komponente ist der *erwartete reale*, also *erwartete inflationsbereinigte* Zinsertrag langfristiger Geldanlagen. Dieser wird hier kurz als **Realzins** bezeichnet.

> **Definition:**
>
> Als **Realzins** wird hier der *erwartete* Zinsertrag langfristiger Geldanlagen nach Abzug der *erwarteten* Entwertung der verzinsten Anlagesumme durch Inflation bezeichnet.

Dabei wird hier vereinfachend unterstellt, dass der Zinsertrag langfristiger Geldanlagen von der *erwarteten* Rendite realer Investitionen bestimmt wird und dieser gleichgesetzt werden kann. Der **Realzins** gemäß obiger Definition entspricht demnach der inflationsbereinigten *erwarteten* **Realrendite realer Investitionen**.

Diese erwartete Realrendite hängt zum einen davon ab, wie hoch das Kapitalangebot auf den Kapitalmärkten ist. Dieses Kapitalangebot bildet sich aus Ersparnissen, deren Umfang wiederum von der Sparneigung von Haushalten und Unternehmen bestimmt wird. Diese Sparneigung hängt ihrerseits von langfristigen Grunddispositionen der Marktakteure ab, aber u.a. auch von demographischen

Gegebenheiten. Je mehr gespart wird, desto höher wird das Kapitalangebot.

Zum anderen, auf der Nachfrageseite, hängt die Realrendite davon ab, wie viel inflationsbereinigten Ertrag Investoren mit kreditfinanzierten Investitionen glauben erwirtschaften zu können. Dies hängt von Faktoren wie dem verfügbaren Innovationspotenzial, der Menge und Qualität der verfügbaren Arbeitskräfte und der erwarteten Auslastung der Kapazitäten ab, und daneben spielen natürlich auch subjektive Erwartungen zur allgemeinen Wirtschaftsentwicklung und das Vertrauen in die politischen Rahmenbedingungen eine Rolle. Unabhängig davon sinkt aber die reale Rendite realer Investitionen mit zunehmender Ausschöpfung der Investitionsmöglichkeiten. Je höher das Kapitalangebot, desto ertragsschwächer daher die Investitionen, die zur Ausschöpfung des Kapitalangebots notwendig wären. Desto schwerer können die Kapitalanbieter auf den Kapitalmärkten einen hohen Zins durchsetzen. Desto niedriger ist also der langfristige Zins, bei dem Kapitalangebot und Kapitalnachfrage ins Gleichgewicht kommen.

In einem Festzinssystem ist es die Summe aus langfristig erwarteter Inflationsrate und Realzins, die von der Zentralbank konstant gehalten werden müsste. Die Zentralbank müsste also bei selbsttätiger Veränderung einer dieser beiden Größen dafür sorgen, dass diese durch Veränderung der anderen Größe kompensiert wird. In einem Festzinssystem müsste die Zentralbank daher auf die erwartete Geldentwertung oder auf den Realzins genügend Einfluss haben, um diese Kompensation zu bewirken.

Einwirkungen auf den Realzins nach obiger Definition können hierbei allenfalls eine untergeordnete Rolle spielen. Auf die Realrendite und deren Bestimmungsgrößen kann die Zentralbank nur indirekt und kurzfristig Einfluss nehmen. Sie könnte z. B. mit spektakulärem Einsatz der Geldmengensteuerung oder spektakulären Leitzinsänderungen kurzzeitig einen übertriebenen wirtschaftlichen Optimismus oder Pessimismus erzeugen, der sich kurzzeitig auch auf längerfristige Renditeerwartungen auswirkt. Von solchen Ausnahmefällen abgesehen, bilden sich Realrendite und damit der Realzins aber weitgehend unabhängig von der Geldpolitik.

Wenn die Geldpolitik den langfristigen Nominalzins konstant halten will, muss dies daher zum allergrößten Teil durch Manipulation der erwarteten Geldentwertungsrate geschehen. Steigt im Festzinssystem der Realzins z. B., aus welchen Gründen auch immer, um einen Prozentpunkt, muss die Zentralbank, um den langfristigen Nominalzins konstant zu halten, die erwartete langfristige Inflationsrate um einen Prozentpunkt senken.

Das hier vorgeschlagene Festzinssystem ist somit dann funktionsfähig, wenn die Geldpolitik zu einer solchen Steuerung der langfristigen Inflationserwartungen in der Lage ist. Die Geldpolitik müsste diese Erwartungen ebenso stark und ebenso rasch beeinflussen können, wie der langfristige Realzins aus autonomen Gründen schwankt. Ob dies praktisch möglich ist, hängt vor allem von der Schwankungsbreite und Schwankungsgeschwindigkeit des Realzinses ab und damit von den Angebots- und Nachfrageschwankungen auf den Kapitalmärkten.

Es gibt keine Statistiken, die hierauf eine eindeutige Antwort geben würden. Ein grober Anhaltspunkt für die Schwankungen des Realzinses ergibt sich aber, wenn man für längere zyklusübergreifende Zeiträume vom jeweiligen langfristigen Nominalzins die gleichzeitige aktuelle Inflationsrate abzieht. Wenn man darüber hinaus einen überschlägig geschätzten Anteil der Schwankungen abzieht, der einer verfehlten Geld- und Finanzpolitik, Finanzmarkt- und Währungskrisen und politischen Turbulenzen wie Kriegen, Handelskonflikten und Ölkrisen zurechenbar ist, dürfte der so ermittelte Realzins für Kapitalanlagen mit einer Laufzeit von über fünf Jahren in der jüngeren Vergangenheit um maximal ±1,5 % geschwankt haben, mit sinkender Tendenz. Zudem ist ein Teil dieser Schwankungen darauf zurückzuführen, dass die Zentralbanken im Rahmen herkömmlicher Geldpolitik den Finanzmärkten keine hinreichend klaren und verlässlichen Signale geben konnten. Für den Realzins im hier verwendeten Sinn sollte daher – zumindest in Zeiten politischer Stabilität – in einem Festzinssystem eine Schwankungsbreite von nicht mehr als ±1 % unterstellt werden. In einem langfristig und länderübergreifend eingespielten Festzinssystem könnten die Schwankungen noch geringer sein.

In einem etablierten Festzinssystem stünde die Zentralbank also vor der überschaubaren Aufgabe, die von den Kapitalmarktakteuren längerfristig erwartete Geldentwertungsrate in einer Spanne von maximal ca. ±1 % zu steuern. Dies würde genügen, um den langfristigen Nominalzins dauerhaft auf einem festgelegten Niveau zu fixieren. Allenfalls in seltenen Ausnahmesituationen müssten die Inflationserwartungen in einer größeren Bandbreite bewegt werden.

Dass Zentralbanken zu einer solchen Lenkung der Inflationserwartungen tatsächlich in der Lage wären, lässt sich natürlich aus Erfahrungen der Vergangenheit nicht mit letzter Gewissheit herleiten. Unleugbar ist aber, dass die primären Adressaten der Geldpolitik, also die Kapitalmarktakteure, bei zunehmender Professionalisierung und Spezialisierung zunehmend rationaler und voraussehbarer auf plausible Ankündigungen und Maßnahmen der Zentralbanken reagieren würden. Dies eröffnet den Zentralbanken zunehmend bessere Möglichkeiten, den langfristigen Nominalzins auf längere Sicht tatsächlich konstant zu halten.

5.3 Voraussetzungen für eine erfolgreiche Festzinspolitik

Bei der hier vorgeschlagenen Festzinspolitik bedürfte die Zentralbank keinerlei statistischer Daten und sonstiger Messwerte, um eventuellen Interventionsbedarf festzustellen. Sie müsste nicht einmal wissen, wie hoch die langfristigen Renditeerwartungen und damit der Realzins sind, und auch nicht, wie hoch die Inflationserwartung ist. Sie müsste nur die Inflationserwartungen nachjustieren, sobald der langfristige Nominalzins von seinem Zielwert abweicht bzw. abzuweichen droht.

Dies klingt erst einmal einfach, aber die Geldpolitik stünde in einem Festzinssystem natürlich dennoch vor neuartigen Herausforderungen. Die Zentralbank kann die Inflationserwartungen nur dann in ihrem Sinn steuern, wenn sie in einem permanenten intensiven Kommunikationsprozess mit den Kapitalmarktakteuren steht. Wenn der Nominalzins von seinem Sollwert wegstrebt, muss die Zentralbank umgehend signalisieren, dass und wie sie gegenläufig auf die Inflation einwirken wird, und sie muss danach entsprechende Maßnahmen einleiten. Dabei darf sie keinerlei Zweifel aufkommen lassen, dass dies in hinreichendem, aber nur im wirklich notwendigen Maß geschehen wird.

Damit dies der Zentralbank zweifelsfrei gelingen kann, müssen mindestens die folgenden Voraussetzungen erfüllt sein:

1. Die Zentralbank muss politisch uneingeschränkt glaubwürdig sein. Ihre Adressaten müssen sicher sein, dass sie sich von dem Ziel, den langfristigen Nominalzins stabil zu halten, von keinerlei politischen Einflüssen ablenken lässt.
2. Die Zentralbank muss fachlich uneingeschränkt glaubwürdig sein. Ihre Adressaten müssen sicher sein, dass sie

über ein geeignetes Instrumentarium zur Stabilisierung des langfristigen Nominalzinses verfügt und dass sie den Umgang mit diesem Instrumentarium fachlich vollständig beherrscht.
3. Die Signale der Zentralbank müssen höchste Publizität entfalten. Sie müssen von den wichtigen Kapitalmarktakteuren unverzüglich und umfassend rezipiert werden und im Weiteren auch von einer möglichst breiten Öffentlichkeit.
4. Die Zentralbank muss verstanden werden. Sie muss ihre Signale so einfach formulieren und ihre Interventionen so eingängig begründen, dass die wichtigen Kapitalmarktakteure und auch die interessierte Öffentlichkeit ihnen darin problemlos folgen können.

Diese vier Bedingungen sind anspruchsvoll, aber realistisch. Am leichtesten erfüllbar ist natürlich die Bedingung, dass geldpolitische Signale ein hohes Maß an Publizität erreichen. Zumindest in hoch entwickelten Ländern stehen den Zentralbanken vielfältige Kommunikationskanäle zur Verfügung, über die sie die Märkte und die Öffentlichkeit schnell und zielgruppengerecht informieren können. Zudem verfolgen die wichtigen Kapitalmarktakteure geldpolitische Signale schon im eigenen Interesse mit hoher Aufmerksamkeit und höchstem Bemühen um korrekte Deutung. Dies sind gute Bedingungen, um auf die Inflationserwartungen der Kapitalmärkte zielgerecht einzuwirken zu können.

Auch die Bedingung, dass die Zentralbank von ihren Adressaten richtig verstanden werden muss, ist im Lauf der Zeit zunehmend besser erfüllbar geworden. Es gab Zeiten, in denen die Märkte ihre Inflationserwartungen noch überwiegend an zurückliegenden und laufenden Inflationsraten herausbildeten, sich also noch keinen fundierten prognostischen Anstrengungen unterzogen. Unter solchen

Bedingungen kann Geldpolitik die Inflationserwartungen nur mit jahrelanger Verzögerung beeinflussen, und es wäre daher aussichtslos, den langfristigen Nominalzins in der hier vorgeschlagenen Weise konstant zu halten.

Solche passive Erwartungsbildung gehört aber der Vergangenheit an. Die für die Bildung des langfristigen Zinses wichtigsten Akteure wie Banken, institutionelle Anleger und Großkreditnehmer mobilisieren immer mehr Sachverstand, um ihren langfristigen Dispositionen möglichst korrekte Prognosen über die Inflations- und Zinsentwicklung zugrunde zu legen. Sie gründen daher ihre Dispositionen auch auf wahrgenommene Intentionen, Ankündigungen und Maßnahmen der Zentralbank, schon weit bevor diese Maßnahmen sich auf die Inflationsrate oder vorgelagerte Indikatoren auswirken. In diesen Kapitalmarktakteuren fände die Zentralbank die für eine erfolgreiche Steuerung der Inflationserwartungen – und damit des langfristigen Nominalzinses – notwendigen Kommunikationsadressaten.

Inwieweit die Kapitalmarktakteure der Zentralbank zutrauen, angestrebte Veränderungen der Inflationsrate tatsächlich zu erreichen, hängt aber natürlich auch davon ab, für wie zielgenau sie das geldpolitische Instrumentarium halten. Die herkömmlichen Instrumente der Geldpolitik haben sich in entwickelten Ländern bei kompetenter Handhabung immerhin als geeignet erwiesen, die Inflationsrate im längerfristigen Durchschnitt moderat zu halten. Insofern könnte man vermuten, kompetente Zentralbanken seien schon mit dem verfügbaren Instrumentarium, insbesondere also Leitzinsänderungen und direkten Kapitalmarktinterventionen, hinreichend glaubwürdig und schlagkräftig für eine erfolgreiche Festzinspolitik. Diese Vermutung hält aber einer seriösen Überprüfung nicht stand. In einem Festzinssystem bedürften Zentralbanken von Beginn an eines wesentlich erweiterten, speziell auf die

5 Ein Alternativmodell: die Stabilisierung des …

Steuerung von Inflationserwartungen zugeschnittenen Instrumentariums, wie es hier im Weiteren vorgeschlagen wird.

Im Festzinssystem hätte die politische Glaubwürdigkeit der Zentralbank ebenso herausragende Bedeutung wie die fachliche. Kapitalmarktakteure würden in ihren Inflationserwartungen den Signalen der Zentralbank nur insoweit folgen, wie auf deren politische Unabhängigkeit wirklich Verlass wäre. Auf den Kapitalmärkten dürfte daher im Festzinssystem nicht die leiseste Befürchtung aufkommen, geldpolitische Entscheidungen könnten von anderen Politikbereichen beeinflusst werden. Es ist aber höchst zweifelhaft, dass die Art von Unabhängigkeit, über die Zentralbanken großenteils schon verfügen, diese Voraussetzung schaffen würde. Um den Erfolg eines Festzinssystems zu sichern, sollte Zentralbanken daher eine vollkommenere, also radikalere politische Eigenständigkeit gewährt werden als je zuvor.

Eine Lösung hierfür bietet sich im Rahmen einer alternativen, so genannten *neokratischen* Staatsordnung.[1] In dieser Staatsordnung können einzelne Politikbereiche, also auch die Geldpolitik, als vollständig autonome Staatssparten institutionalisiert werden. Eine solche autonome Staatssparte für Geldpolitik hätte ein eigenständiges Parlament für Geldpolitik, und dieses „Geldparlament" würde eine „Geldregierung" schaffen, deren Aufgaben im Wesentlichen denen einer herkömmlichen Zentralbank entsprächen. Damit wäre die Geldpolitik vollständig aus der übrigen Staatsorganisation herausgelöst. Sie wäre politisch vollständig autonom, und sie wäre durch besondere Verfahren zur Wahl des Geldparlaments zweifelsfrei demokratisch legitimiert. Diese Wahlverfahren könnten zudem so gestaltet werden, dass daraus Geldparlamente und

---

[1] Zur Konzeption des neokratischen Spartenstaates s. Wehner (1991 bis 2019).

Geldregierungen von denkbar höchster fachlicher Kompetenz und langfristiger Zielorientierung hervorgehen würden.[2]

Die Einrichtung einer solchen autonomen neokratischen Geldregierung wäre eine wichtige institutionelle Absicherung für den Erfolg eines Festzinssystems. Trotzdem müsste und sollte das Festzinskonzept nicht zwingend mit einem solchen grundlegenden Eingriff in die Staatsordnung verknüpft werden. Es ist durchaus denkbar, dass – nach moderateren Reformen – auch herkömmlich organisierte Zentralbanken den Anforderungen eines Festzinssystems gewachsen wären. Wenn sich aber die Chance ergibt, eine Reform der Geldpolitik mit einer mutigen Demokratiereform zu verbinden, sollte diese nicht ungenutzt bleiben.

5.4 Festzinsregel und Konjunkturzyklus

In dem hier vorgeschlagenen Regelungssystem hätte die Zentralbank – bzw. die autonome „Geldregierung" – keinerlei Spielraum bei der Wahl des Zeitpunktes, zu dem sie expansiv oder restriktiv eingreift. Auch die Intensität ihrer Maßnahmen wäre jederzeit durch die Umstände vorgegeben. Nur bei der Wahl und Gewichtung der Instrumente und Kommunikationsformen, die sie zur Steuerung der Inflationserwartung einsetzt, könnte die Zentralbank Entscheidungsspielräume nutzen. Damit wäre der Geldpolitik eine starke Regelbindung aufgegeben, die es in vergleich-

---

[2] Bei diesen Wahlverfahren würde das Losverfahren eine wichtige Rolle spielen. Zudem bestünde das Geldparlament aus zwei Kammern, einer hoch professionellen Expertenkammer und einer fachlich fortgebildeten beratenden Laienkammer. S. hierzu u. a. Wehner (1995, Kap. 6) und den Verfassungsentwurf in www.neokratieverfassung.de.

5 Ein Alternativmodell: die Stabilisierung des ...

barer Konsequenz in der herkömmlichen Geldpolitik nicht gegeben hat.

Wenn Zeitpunkt und Intensität von Interventionen derart strikt determiniert sind, stellt sich natürlich die Frage, ob damit auch der Konjunkturverlauf im gewünschten Maß stabilisiert wird. Zumindest theoretisch wäre ja denkbar, dass eine Festzinsregel die Zentralbanken zu konjunkturpolitisch kontraproduktivem Verhalten zwingt.

Im Festzinssystem müsste die Zentralbank immer dann expansiv eingreifen, wenn der Realzins zu sinken beginnt und damit auf den Nominalzins drückt. Dies geschieht vor allem dann, wenn Investoren pessimistischer werden und/oder wenn die Sparneigung steigt. Umgekehrt müsste die Geldpolitik genau dann auf einen restriktiveren, die Inflationserwartungen dämpfenden Kurs umsteuern, wenn der Realzins zu steigen beginnt, wenn also Investoren optimistischer werden und/oder Haushalte ausgabefreudiger. Dieser Zusammenhang ist in der nachfolgenden Abbildung im Anhang 5.5 schematisch dargestellt.

Es dürfte unstrittig sein, dass diese Zeitpunkte für geldpolitische Kurswechsel auch aus konjunktureller Sicht die richtigen sind. Umschwünge in den Renditeerwartungen von Investoren und im Sparverhalten von Haushalten leiten konjunkturelle Wenden ein, und erkennbar sind diese Umschwünge im Festzinssystem daran, dass der langfristige Nominalzins bei gegebener Inflationserwartung vom vorgegebenen Wert abweichen will. Die geldpolitische Eingriffsautomatik im Festzinssystem ist damit in vollem Einklang mit konjunkturpolitischen Zielsetzungen und Erkenntnissen.

Eine solche Eingriffsautomatik würde die Zentralbank darüber hinaus zwingen, sich jeglicher künftigen Weiterentwicklung dieser Erkenntnisse anzupassen. Da die Zentralbanken die Inflationserwartung besonders jener Wirtschaftsakteure steuern müssten, die aus eigenem Interesse den jeweils aktuellsten einschlägigen Sachverstand nutzen, müssten sie diesen aktuellsten Sachverstand zur Grundlage ihrer Politik machen.

Da den Zentralbanken im Festzinssystem sowohl der Zeitpunkt als auch die Intensität ihrer Eingriffe durch die Tendenzen des langfristigen Nominalzinses vorgegeben ist, könnten diese Eingriffe im Einzelfall abrupter und drastischer ausfallen, als man es von herkömmlicher Geldpolitik gewohnt ist. Herkömmliche Geldpolitik war traditionell – auch wegen der Unsicherheit der Zentralbanken über geldpolitische Prinzipien – zumeist eine Politik tastender Trippelschritte.[3] Im Festzinssystem könnten dagegen drastischere Schritte notwendig werden, z. B. drastischere Kapitalmarktinterventionen und abruptere und drastischere Leitzinsänderungen.

In welchem Ausmaß es zu solchen drastischen Maßnahmen käme, hängt aber von den Schwankungen des langfristigen Realzinses ab. Zumindest in einem politisch stabilen Umfeld spricht zwar nichts dafür, dass der Realzins sich sprunghaft ändert, aber dennoch ist nicht auszuschließen, dass die Stabilität des langfristigen Nominalzinses durch ungewohnt heftige Ausschläge der kurzfristigen Zinsen erkauft werden müsste. Es könnte z. B. notwendig werden, einem drohenden Anstieg des langfristigen Zinses u.a. durch eine drastische Leitzinserhöhung der Zentralbank entgegenzuwirken, was einen drastischen Anstieg der kurzfristigen Zinsen zur Folge hätte. Dies wäre aber kein Grund, die Vorteile des Festzinssystems auszuschlagen und an der herkömmlichen Stabilitätspolitik festzuhalten. Die erhöhten Ausschläge des kurzfristigen Zinses würden weder dem Wachstum noch der Beschäftigung schaden, und eventuelle

---

[3] An einer triftigen theoretischen Begründung für eine Geldpolitik der kleinen Schritte hat es immer gefehlt. Zu erklären ist diese Politik hauptsächlich damit, dass Geldpolitiker ihrer Sache selten ganz sicher waren und hofften, mit kleinen Schritten entsprechend kleine Fehler zu riskieren.

Irritationen bei Sparern, Investoren und sonstigen Marktteilnehmern wären schnell überwunden.

5.5 Eine Formalisierung

Die beschriebenen Zusammenhänge zwischen dem – oben definierten – langfristigen Realzins, der langfristigen Inflationserwartung und dem langfristigen Nominalzins sind in Abb. 5.1 schematisch dargestellt.

Für den langfristigen Nominalzins Z(n) ist hier von der Geldpolitik ein konstanter Sollwert vorgegeben. Der Verlauf des Realzinses Z(r) ist autonomen, von der Zentralbank allenfalls indirekt beeinflussten Schwankungen unterworfen. Diese sind im Kurvenverlauf Z(r) exemplarisch dargestellt.

Der langfristige Nominalzins Z(n) bildet sich aus der Summe von langfristigem Realzins Z(r) und langfristiger Inflationserwartung I(e). Um den langfristigen Nominal-

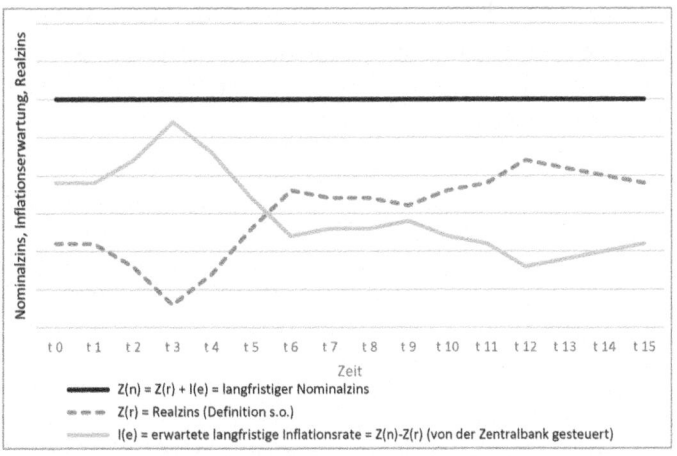

Abb. 5.1 Langfristiger Realzins und gesteuerte Inflationserwartung bei konstantem langfristigem Nominalzins

zins (Z(r) + I(e)) konstant zu halten, muss die Zentralbank beim dargestellten Verlauf des Realzinses Z(r) dafür sorgen, dass die Inflationserwartungen den in der I(e)-Kurve dargestellten Verlauf nehmen. Vom Zeitpunkt t(1) an müsste nach dieser Darstellung die Zentralbank die Inflationserwartungen schüren, um ein – z. B. durch zunehmenden Pessimismus von Investoren ausgelöstes – Absinken des Realzinses auszugleichen. Zum Zeitpunkt t(3) müsste sie beginnen, die Inflationserwartungen zu dämpfen, um einen beginnenden Anstieg des Realzinses zu kompensieren. Vom Zeitpunkt t(6) an müsste sie dann die Inflationserwartungen wieder vorsichtig anheben. Zum Zeitpunkt t(9) wäre dann eine abermalige Umsteuerung auf einen restriktiveren, die Inflationserwartungen dämpfenden Kurs erforderlich, zum Zeitpunkt t(12) dann abermals eine Umsteuerung auf eine Steigerung der Inflationserwartungen.

Die Inflationserwartungen müssen hierbei nicht immer exakt gegenläufig zum Realzins verlaufen. Kurzfristig könnte die Zentralbank den langfristigen Nominalzins in geringem Maß auch durch Kapitalmarktinterventionen beeinflussen und damit gegen Änderungen des Realzinses verteidigen. Die Anpassung der Inflationserwartungen muss in dem Fall nicht stetig, sondern sie könnte diskontinuierlich in kleinen Sprüngen erfolgen.

6

Welcher Zins ist fest im Festzinssystem?

Herkömmliche stabilitätspolitische Konzepte kranken an der Unbestimmtheit ihrer Steuerungsgrößen. Eine Geldpolitik, die z. B. auf Abweichungen der Inflationsrate oder der Geldmenge von einem vorgegebenen Zielwert reagieren soll, steht immer vor der Frage, welche Geldmenge oder welche Inflationsrate gemeint ist. Auch hinsichtlich der Inflationsrate ist diese Frage zunehmend komplizierter geworden. Sind bei der Berechnung z. B. Hypothekenzinsen oder Immobilienpreise oder beide zu berücksichtigen? Sind alle Konsumgüter zu berücksichtigen, oder ist die richtigere Zielgröße die so genannte Kerninflationsrate, bei der Energiepreise und/oder Lebensmittelpreise nicht einbezogen werden? Und ist neben der statistisch gemessenen Inflationsrate womöglich auch die „gefühlte" Inflation stabilitätspolitisch relevant?

Ein zum Glück viel harmloseres Definitionsproblem stellt sich im Rahmen eines Festzinssystems. Als Steuerungsobjekt im Festzinssystem bietet sich der Zins für langfristige

Wertpapiere an, aber dieser hängt u. a. von der Laufzeit und von der Bonität der Schuldner ab. Wenn die Zentralbank den langfristigen Nominalzins fixieren will, kann sie dies daher nur für Wertpapiere einer bestimmten Laufzeit und einer genau definierten Bonitätskategorie tun.

Für welche Laufzeit der Soll-Festzins gelten soll, kann nicht zeitlos und nicht allein mit theoretischen Argumenten beantwortet werden. Hierbei werden auch praktische Erfahrungen mit der Steuerung von Inflationserwartungen eine Rolle spielen. Dennoch lässt sich die Spanne der in Frage kommenden Laufzeiten mit einfachen Überlegungen eingrenzen. Eine Mindestfrist von einigen Jahren ergibt sich allein daraus, dass geldpolitische Maßnahmen sich verzögert auf die Inflationsrate auswirken. In der gewählten Laufzeit des Festzinses müssten geldpolitische Maßnahmen nicht nur zu wirken beginnen, sondern sie müssten anhaltende Wirkung auf die Inflationsrate entfalten können. Darüber hinaus sollte die Zentralbank in dieser Laufzeit – bei anfänglich zu schwacher oder zu starker Wirkung ihrer Maßnahmen – noch rechtzeitig nachbessern können, um die angekündigte Wirkung tatsächlich zu erreichen. Schon daraus ergibt sich, dass der zu fixierende Festzins sich auf Wertpapiere mit nicht weniger als fünf Jahren Laufzeit beziehen sollte.

Es gibt für diese Laufzeit natürlich auch eine Obergrenze, jenseits deren eine Zinsfixierung nicht mehr sinnvoll wäre. Würde die Zentralbank den Zins z. B. für Wertpapiere mit 15 Jahren Laufzeit konstant halten, dann würde der Zins für mittlere Laufzeiten unnötig stark schwanken und wäre die verstetigende Wirkung auf die Konjunktur viel geringer. Zudem wäre bei solcher Laufzeit das Vorstellungsvermögen für die Wirkungszusammenhänge zwischen geldpolitischer Maßnahme und deren Wirkung weit überfordert. Dies wiederum würde sich früher oder später negativ auf die stabilitätspolitische Glaubwürdigkeit der Zentralbank auswirken

6 Welcher Zins ist fest im Festzinssystem?

und damit auf deren Fähigkeit, den Nominalzins zu steuern. Die Laufzeit der Wertpapiere, deren Zins von der Zentralbank konstant zu halten wäre, sollte daher unter zehn Jahren liegen. Die optimale Laufzeit dieser Wertpapiere läge demnach in einer Spanne von etwa fünf bis neun Jahren. Es läge also nahe, in einem Festzinssystem den Zins von Wertpapieren mit sieben Jahren Laufzeit konstant zu halten. Auf diesen Siebenjahreszeitraum müsste sich dementsprechend die von der Zentralbank zu steuernde Inflationserwartung beziehen.

Leichter lässt sich die optimale Bonitätskategorie bestimmen, für die der vorgegebene Zins gültig sein sollte. Wenn es Wertpapiere entsprechender Laufzeit gibt, die jederzeit über jeden Bonitätszweifel erhaben sind, in deren Verzinsung also nie eine Risikoprämie einkalkuliert werden muss, dann sollte der vorgegebene Zins für genau diese Wertpapiere gelten. Es mag Zweifel daran geben, dass solche jederzeit zweifelsfrei risikofreien Wertpapiere jederzeit verfügbar sind, weil es nicht genügend zweifelsfrei zahlungsfähige private und staatliche Wertpapierschuldner gibt. Dieses Problem könnte die Zentralbank aber leicht lösen. Da eine politisch autonome Zentralbank nie zahlungsunfähig werden könnte, könnte sie selbst Anleihen von beliebiger Laufzeit in beliebiger Menge anbieten, in deren Rendite von niemandem ein Risikoaufschlag eingerechnet wird.[1] Der Nominalzins solcher Wertpapiere von sieben Jahren Laufzeit bzw. Restlaufzeit könnte dann derjenige Zins sein, zu dessen Fixierung sich die Zentralbank im Festzinssystem verpflichtet. Damit wäre die Zielgröße im Festzinssystem eindeutig definiert. Der Sollzins dieses von der Zentralbank auszugebenden Wertpapiers wird im Folgenden als **Fixzins** bezeichnet.

---

[1] Um mit der Ausgabe solcher Anleihen keine unerwünschten Nebeneffekte auf dem Kapital- und Geldmarkt auszulösen, könnte die Zentralbank im Gegenzug fremde Wertpapiere ähnlicher Laufzeit aufkaufen.

> **Definition:**
> Der **Fixzins** ist der Zins allzeit verfügbarer langfristiger Zentralbankanleihen mit einer Laufzeit von z. B. sieben Jahren, den die Zentralbank dauerhaft konstant zu halten verspricht.

Wie leicht oder schwer die Geldpolitik es im Festzinssystem hätte, diesen Zins tatsächlich dauerhaft zu fixieren, hängt auch von der Fiskalpolitik und insbesondere von der Inanspruchnahme des Kapitalmarktes durch den Staat ab. Je geringer diese Inanspruchnahme und je geringer deren Schwankungen, desto leichter hätte es die Zentralbank sowohl mit der direkten Steuerung der Inflationserwartungen als auch mit der Feinsteuerung des Fixzinses durch Kapitalmarktinterventionen. Eine Finanzverfassung, die dem Staat die Aufnahme langfristiger Kredite auf dem freien Kapitalmarkt untersagt, wäre daher eine weitere wichtige Voraussetzung für optimale Ergebnisse im Festzinssystem. Auch in einem Festzinssystem sollte der Staat zwar langfristige Kredite aufnehmen können, aber er sollte dies ausschließlich bei der Zentralbank tun. Dementsprechend müsste die Zentralbank autorisiert sein, dem Fiskus jederzeit nach eigenem Ermessen langfristige Kredite zu gewähren.

Umso wichtiger wäre es dann aber, dass die Zentralbank politisch tatsächlich vollkommen eigenständig institutionalisiert ist, wie es im Konzept der neokratischen Staatsordnung vorgesehen ist. Nur damit wäre sichergestellt, dass die Zentralbank nicht doch unter politischen Druck gerät, dem Fiskus zweifelhafte, z. B. am Interesse von Regierungen oder politischen Parteien orientierte Gefälligkeitskredite zu gewähren.

7

Der Ausbau des geldpolitischen Instrumentariums

7.1 Das Konjunkturgeld – Schlüsselinstrument im Festzinssystem

In einem Festzinssystem der hier dargestellten Art würde der langfristige Nominalzins mit marktkonformen Mitteln gesteuert und als **Fixzins**, wie oben definiert, möglichst konstant gehalten. Wie präzise dieser Fixzins eingehalten werden kann, hängt aber von vielerlei exogenen Umständen ab. Anfänglich könnten die Zentralbanken daher gezwungen sein, eine relativ große Schwankungsbreite um den Fixzins zuzulassen.

Wie groß diese anfängliche Schwankungsbreite zu wählen ist und wie rasch und wie weit sie im Lauf der Zeit reduziert werden kann, hängt natürlich auch davon ab, welches Instrumentarium zur Steuerung der Inflationserwartungen zur Verfügung steht. Je geringer die Schwankungsbreite um den Fixzins sein soll, desto effektiver muss das Instrumentarium sein und desto höher sind die fachlichen Anforderungen bei dessen Anwendung.

Eine Geldpolitik, deren wichtigste Aufgabe die Steuerung langfristiger Inflationserwartungen wäre, hat es noch nicht gegeben. Es wäre daher reiner Zufall, wenn bestehende geldpolitische Instrumente für diese Aufgabe optimal oder auch nur hinreichend geeignet wären. Natürlich können auch herkömmliche Instrumente der Geldpolitik Inflationserwartungen beeinflussen, aber sie könnten es nicht in der Weise, wie es in einem Festzinssystem erforderlich wäre. Bliebe es beim herkömmlichen Instrumentarium, bliebe die Schwankungsbreite um den Fixzins unannehmbar hoch, und die Vorteile gegenüber der herkömmlichen Geldpolitik würden nur sehr unvollkommen ausgeschöpft. Um ein Festzinssystem zum Erfolg zu führen, müssten daher neuartige geldpolitische Instrumente eingeführt werden.

Solche neuen Instrumente müssten zweierlei Anforderungen gerecht werden. Zum einen sollte, da es um die Steuerung von Erwartungen ginge, der Instrumenteneinsatz von den Märkten und der Öffentlichkeit möglichst unmittelbar und intensiv wahrgenommen worden. Zum anderen sollten die Instrumente möglichst direkt auf die gesamtwirtschaftliche Nachfrage einwirken und damit auf die inflationsrelevanten Preissetzungsspielräume. Diese Wirkung sollte zudem möglichst leicht durchschaubar sein, damit Marktteilnehmer die Folgen für das Preisniveau bestmöglich antizipieren können. Wenn die Geldpolitik Maßnahmen zur Nachfragesteuerung ergreift, sollte also für die Öffentlichkeit möglichst sofort und möglichst klar abschätzbar sein, wann wie viel mehr Geld daraufhin ausgegeben werden wird.

Eine naheliegende Erweiterung des geldpolitischen Instrumentariums, die diesen Anforderungen gerecht würde, wurde in Zusammenhang mit dem Bürgergeldsystem vorgeschlagen, in dem jeder Bürger vom Staat ein gleich hohes moderates Sockeleinkommen erhielte. Wo in solches Sockeleinkommen gezahlt würde, könnte es auf Anweisung der Zentralbank bei Bedarf jederzeit um ein so genanntes **Konjunkturgeld** aufgestockt werden.[1]

> **Definition:**
> Konjunkturgeld ist ein an alle ansässigen Bürger eines Landes in gleicher Höhe auszuzahlendes temporäres Zusatzeinkommen zur gezielten Beeinflussung der Inflationserwartungen.

Mit einem solchen Konjunkturgeld könnte die Zentralbank die Inflationserwartungen der Kapitalmarktakteure gezielt beeinflussen und damit auf die Stabilisierung des langfristigen Zinses gezielt hinwirken.[2] Ein solches Konjunkturgeld könnte als befristete periodische Zahlung eingesetzt werden, als Einmalbetrag oder als Kombination aus beidem.

Die administrativen Voraussetzungen für solche Konjunkturgeldzahlungen wären am besten in einem Bürgergeldsystem erfüllt, aber das Konjunkturgeldinstrument ließe sich natürlich unabhängig vom Bürgergeld prinzipiell in jedem Staatswesen anwenden. Die einzige Voraussetzung wäre, dass die autonome Zentralbank die Dienste anderer Staatsorgane für Geldauszahlungen an alle Bürger in Anspruch nehmen könnte.

---

[1] Dieses Konjunkturgeldkonzept wurde vorgeschlagen in Wehner (1990, Kap. 4), Wehner (1992a, Kap. 6.1) und Wehner (1992b, Kap. 6).
[2] Bilanziell könnte die Zentralbank Konjunkturgeldzahlungen z. B. als „ewige" zinslose Darlehen an die Bürger ausweisen.

In einem Festzinssystem könnte und sollte die Zentralbank bei jeder Ankündigung und Auszahlung von Konjunkturgeld Hinweise geben, welche Veränderung der Inflationsrate sie damit anstrebt. Über das Ziel, den langfristigen Zins konstant zu halten, wären die Marktteilnehmer im Festzinssystem zwar ohnehin im Bilde, und sie wüssten auch, dass dabei die Inflationserwartungen eine wichtige Rolle spielen. Dennoch sollte die Zentralbank speziell den Kapitalmarktakteuren bei jeder Konjunkturgeldintervention fachlich fundierte Begründungen sowohl für den gewählten Zeitpunkt wie auch für den gewählten Umfang anbieten.

Ein Konjunkturgeld, das allen Bürgern zukommt, wäre anderen nachfragewirksamen Interventionen sowohl politisch als auch ökonomisch deutlich überlegen. Politisch wäre es überlegen, weil es verteilungspolitisch nahezu unangreifbar ist. Keine Interessengruppe könnte sich gegen Konjunkturgeldzahlungen mit dem Argument auflehnen, sie würde benachteiligt und andere würden unverdient begünstigt. Der ökonomische Vorteil des Konjunkturgeldes läge darin, dass es die Nachfrage gleichmäßig in fast allen Sektoren der Wirtschaft beleben würde.[3] Sektorale Ungleichgewichte und Überhitzungen, wie sie durch konjunkturpolitische Investitionsprogramme z. B. für die Bauwirtschaft oder andere Branchen entstehen können, sind beim Einsatz von Konjunkturgeld nicht zu befürchten.

Konjunkturgeld wäre, da alle Bürger es unmittelbar in ihrem Portemonnaie bzw. auf ihrem Konto spüren würden, auch in der Öffentlichkeitswirkung anderen expansiven Instrumenten der Geldpolitik weit überlegen. Es kann schnel-

---

[3] Im Idealfall einer konjunkturellen Nachfragestimulierung würden natürlich der Staat und auch die Unternehmen in gleichem Maß zur Steigerung ihrer Ausgaben bewegt werden wie die privaten Haushalte. Die Zentralbank hätte durchaus Möglichkeiten, auch dieses ambitioniertere Ziel zu verfolgen. Parallel zur Konjunkturgeldausschüttung könnte sie z. B. den Staat mit günstigen Krediten und die Unternehmen mit Investitionsprämien zur Ausgabensteigerung anregen.

ler und effektiver dafür sorgen, dass dem Versprechen der Zentralbank, den langfristigen Zins konstant zu halten, Glauben geschenkt wird. Mit der Ankündigung und Auszahlung von Konjunkturgeld würde die Zentralbank nicht nur den Kapitalmärkten, sondern zugleich Konsumenten, Investoren, Beschäftigten und auch Gewerkschaften ihre stabilitätspolitische Durchsetzungskraft klar vor Augen führen. Damit würde sie nicht zuletzt eine aggressive Lohnpolitik obsolet machen, die drastische Lohnforderungen in konjunkturellen Schwächephasen mit der Notwendigkeit einer Nachfragstärkung begründet. Das Konjunkturgeld würde somit insgesamt eine viel raschere, breitere und tiefere Signalwirkung entfalten, als es mit bestehenden geldpolitischen Instrumentarien vorstellbar ist. Zudem mindert ein Konjunkturgeld im Gegensatz zu Lohnerhöhungen nicht die internationale Wettbewerbsfähigkeit der Unternehmen.

Auch auf die Preiserhöhungsspielräume der Unternehmen würden Konjunkturgeldzahlungen die gewünschte Wirkung bestmöglich entfalten. Die Nachfragewirkung würde sich ohne Umwege nach der Auszahlung, aber z. T. auch schon mit der Ankündigung von Konjunkturgeld einstellen, und sie wäre zudem in ihrer Wirkungsweise für jedermann verständlich und für jedermann überschlägig abschätzbar. Wenn die Zentralbanken über dieses Instrument verfügten, dürften kaum noch Zweifel bestehen, dass sie den langfristigen Nominalzins in einer engen Bandbreite stabilisieren können. Kein Spekulant könnte dann noch vernünftigerweise darauf setzen, dass die Zentralbank letztlich doch die Kontrolle über den Nominalzins verlieren wird. Allein das Wissen darum, dass die Zentralbank sofort, direkt, in beliebiger Höhe und für beliebige Zeit auf die verfügbaren Einkommen der Bürger einwirken könnte, würde solchen Spekulationen den Boden entziehen. Insofern würde schon die Möglichkeit des Konjunkturgeldeinsatzes helfen, die Inflationserwartungen an den Zielen der Zentralbank auszurichten.

Dennoch blieben das Konjunkturgeld und die zughörige Informationspolitik der Zentralbank eher ein Instrument der Grob- als der Feinsteuerung der Inflationserwartungen. Dies schränkt die Erfolgsaussichten der Festzinspolitik aber nicht ein. Der Zentralbank stünden im Festzinssystem zur Steuerung der Inflationserwartungen natürlich auch alle herkömmlichen Instrumente der Geldpolitik weiter zur Verfügung. Dies wären in erster Linie Änderungen des Leitzinses, zu dem Geschäftsbanken kurzfristige Kredite bei der Zentralbank aufnehmen, und ggf. auch Änderungen der Mindestreserve, des Anteils der Sichteinlagen also, den Geschäftsbanken bei der Zentralbank hinterlegen müssen. Wenn die Zentralbank mit solchen Maßnahmen kurzfristige Bankkredite billiger macht, stärkt auch dies auf Umwegen die Nachfrage. Richtig kommuniziert, erhöhen auch solche Maßnahmen bei Kapitalmarktakteuren die langfristigen Inflationserwartungen und heben sie damit auch den langfristigen Nominalzins.

Neben solchen erwartungsbildenden Maßnahmen könnten Zentralbanken natürlich auch direkte Eingriffe in den Kapitalmarkt vornehmen und damit eine Feinsteuerung des langfristigen Zinses versuchen. Sie könnten als mächtige Nachfrager und Anbieter längerfristiger Wertpapiere auftreten, um den Zins dieser Papiere temporär zu beeinflussen. So könnten sie mit einer Doppelstrategie aus Grobsteuerung der Inflationserwartungen und Feinsteuerung durch Kapitalmarktinterventionen die Schwankungen des langfristigen Nominalzinses auf ein Minimum reduzieren.

In dem hier vorgeschlagenen Gesamtkonzept würde die Zentralbank zudem stabilitätspolitisch nicht nur die herkömmliche Rolle der Geldpolitik einnehmen, sondern auch die Rolle, die bisher der staatlichen Fiskalpolitik zugedacht war. Regierungen wäre es verwehrt, eigenmächtig langfristige Kredite zur Finanzierung nachfragesteigernder Mehrausgaben aufzunehmen. Die Zentralbank aber, die als autonome Staatssparte institutionalisiert wäre, könnte der Regierung nach eigenem Ermessen jederzeit und in beliebiger Höhe solche Kredite zuweisen. Sie könnte diese Kredite zinslos oder verzinslich gewähren, befristet oder unbefristet, und sie könnte sie sogar mit stabilitäts- und strukturpolitisch begründeten Verwendungsauflagen verbinden, sie also z. B. an die Bedingung einer kurzfristigen Verwendung für zusätzliche staatliche Investitionen knüpfen. Letzteres wäre besonders bei einer sehr hohen Sparneigung im privaten Sektor angezeigt, die den konjunkturellen Impuls von Konjunkturgeldzahlungen schwächt. Die Zentralbank würde unter diesen Bedingungen somit nicht nur monetäre Stabilitätspolitik betreiben, sondern sie hätte auch die vollständige Kontrolle über fiskalische Konjunkturpolitik.

Gerade diese doppelte, umfassende stabilitätspolitische Aufgabe dürfte natürlich nur einer Institution übertragen werden, deren Kompetenz, Weitsicht, Legitimation und Vertrauenswürdigkeit über ernsten Zweifel erhaben ist. Bei einer im neokratischen Sinn politisch vollends autonomen und demokratisch eigenständig legitimierten Zentralbank läge diese Aufgabe in den denkbar besten Händen.

7.2 Konjunkturgeld im Abschwung, Konjunktursteuer im Aufschwung

Das Konjunkturgeld wäre im Festzinssystem die vorrangige und wirkungsvollste Waffe der Geldpolitik. Daher bedarf es einer gründlichen Auseinandersetzung mit den Möglichkeiten und mehr noch mit den möglichen Beschränkungen dieses Instruments.

Die Stärke herkömmlicher Geldpolitik lag in der Dämpfung einer überschäumenden, nicht aber in der Belebung einer lahmenden Konjunktur. Der Grund hierfür ist, dass das wichtigste Instrument dieser Politik, der Leitzins der Zentralbank, die Nachfrage nur auf langwierigen Umwegen beleben kann. Beim Konjunkturgeld ist es umgekehrt. Konjunkturgeld ließe sich in unbegrenzter Höhe auszahlen, und insofern sind der Nachfragebelebung durch Konjunkturgeld keine Grenzen gesetzt. Das Konjunkturgeld könnte daher auch als Ergänzung herkömmlicher Geldpolitik eingesetzt werden, um diese schlagkräftiger zu machen. Den größten Nutzen aber würde das Konjunkturgeld bei der Stützung der Inflationserwartungen im Festzinssystem stiften. Mit Konjunkturgeld ließe sich zu jedem Rückgang des Realzinses, wie rasch oder langsam dieser im wirtschaftlichen Abschwung auch einträte, ein kompensierender Anstieg der Nachfrage und der damit verbundenen Inflationserwartung erzeugen.

Die nachfragestimulierenden Wirkungen des Konjunkturgeldes sind bei abnehmendem Realzins im Abschwung gefragt, aber im Festzinssystem bedarf es natürlich auch im Aufschwung, bei ansteigendem Realzins, wirksamer Maßnahmen, um die Nachfrage und damit die Inflationserwartungen zu dämpfen. In der Nachfragedämpfung sind dem Konjunkturgeld aber enge Grenzen gesetzt. Konjunkturgeld kann den Bürgern in beliebiger Höhe ausgezahlt, aber es kann von ihnen nicht – als negatives Konjunkturgeld – in beliebiger Höhe eingefordert werden. Wo ein Bürgergeldsystem eingerichtet wäre, wäre es zwar ein Leichtes, laufende Bürgergeldzahlungen ggf. zwecks Nachfragedämpfung zu kürzen, aber auch dem wären schon deswegen enge Grenzen gesetzt, weil niemandes Einkommen unter das geltende Existenzminimum abgesenkt werden darf. Für ein negatives, jedermanns Einkommen minderndes Konjunkturgeld wäre der verteilungspolitische Spielraum daher gering. Dennoch darf eine Zentralbank natürlich ihre restriktive Aufgabe im Aufschwung nicht vernachlässigen, nur weil die dafür notwendigen Maßnahmen verteilungspolitisch kontrovers wären.

Eine Zentralbank – bzw. eine politisch autonome Staatssparte für Geldpolitik – hat nicht den Auftrag, verteilungspolitische Auswirkungen stabilitätspolitischer Maßnahmen zu korrigieren, und sie hätte hierfür auch nicht das notwendige Instrumentarium. Es ist auch zweifelhaft, dass Geldpolitiker über die hierfür notwendige Kompetenz und Sensibilität verfügen würden. Wenn stabilisierende Maßnahmen der Zentralbank unerwünschte verteilungspolitische Konsequenzen haben, müssen daher andere staatliche Instanzen für die notwendige ausgleichende Umverteilung sorgen. Dennoch sollten Zentralbanken natürlich gegebene Möglichkeiten nutzen, nachfragedämpfende Maßnahmen von vornherein sozialverträglich zu gestalten.

Sozialverträglicher als ein negatives Konjunkturgeld, das die Einkommen aller Bürger um den gleichen Betrag mindern würde, wäre eine **Konjunktursteuer**, die als Aufgeld auf die Lohn- und Einkommensteuer erhoben würde. Die Zentralbank könnte von einer Regierung verlangen, temporär – und notwendigenfalls unverzüglich – einen solchen Zuschlag zu erheben und die dadurch generierten Einnahmen an die Zentralbank abzuführen. Zumindest bei einem Einkommensteuertarif, der das Existenzminimum von der Besteuerung ausnimmt, könnte eine solche Konjunktursteuer relativ leicht die notwendige Akzeptanz finden. Einmal beschlossen, würde sie eine ähnlich starke Signalwirkung erzielen wie ein negatives Konjunkturgeld und dementsprechend einen ähnlich starken dämpfenden Effekt auf die Inflationserwartungen.

Um die Inflationserwartungen im Aufschwung so präzise wie möglich dämpfen zu können, könnte eine Konjunktursteuer zudem mit herkömmlichen Instrumenten der Geldpolitik und insbesondere mit Leitzinserhöhungen kombiniert werden. Auch mit Leitzinserhöhungen lässt sich die

Nachfrage dämpfen, aber deren Wirkung ist zu indirekt und zudem für Laien zu schwer verständlich, als dass die Inflationserwartungen sich allein damit rasch und präzise genug korrigieren ließen. Mit einer Kombination von Leitzinserhöhungen und einer klug kommunizierten Konjunktursteuer dagegen ließen sich die Inflationserwartungen viel präziser beeinflussen.

In der Vergangenheit mag es manche extremen Konjunkturzyklusphasen gegeben haben, in denen selbst mit einer solchen Maßnahmenkombination kein hinreichend dämpfender, den langfristigen Nominalzins stabilisierender Effekt auf die Inflationserwartungen hätte erzielt werden können. Unter den hier skizzierten Bedingungen des Festzinssystems aber wären abrupte Ausschläge des Realzinses, die eine ebenso abrupte Dämpfung der Inflationserwartungen erfordern würden, nicht mehr zu befürchten. Die im Festzinssystem geltenden Anforderungen an die Geldpolitik sollten daher nicht aus Statistiken über frühere Konjunktur- und Zinsverläufe hergeleitet werden. Solche Statistiken überzeichnen die Anforderungen, die sich in einem erprobten Festzinssystem stellen würden.

Dies bedeutet aber natürlich nicht, dass die Fixierung des langfristigen Nominalzinses und die dafür notwendige Steuerung der Inflationserwartungen simplen Regeln folgen könnte. Die Markteinflüsse auf den langfristigen Zins würden die Zentralbank zwar ohnehin zwingen, die von ihr erzeugten Inflationserwartungen immer wieder nachzujustieren. Trotzdem sollte die Zentralbank natürlich die Wirkung ihrer Maßnahmen immer schon im Vorhinein möglichst genau abschätzen können. Hierfür muss sie zahlreiche Parameter laufend beobachten und analysieren. Sie muss u. a. einschätzen können, zu welchem Teil ihre stimulierenden und dämpfenden Maßnahmen sich auf die heimische Wirtschaft auswirken und zu welchem Anteil auf das Ausland. Je stärker die außenwirtschaftliche

Verflechtung eines Währungsgebiets, je größer also die Importquote, desto größer der Anteil, zu dem die Stabilisierungsmaßnahmen der Zentralbank nur auf fremde Währungsgebiete wirken.

Ebenso muss die Zentralbank eine möglichst genaue Vorstellung davon haben, zu welchem Anteil ihre Stabilisierungsmaßnahmen ausgabewirksam werden und zu welchem Anteil sie die Ersparnis beeinflussen. Würden die Bürger z. B. empfangenes Konjunkturgeld überwiegend sparen wollen und zum geringeren Teil für den Konsum verwenden, dann wäre die Wirkung des Konjunkturgeldes auf Preissetzungsspielräume, Inflation und Inflationserwartungen entsprechend gering. Dann könnte die erhöhte Ersparnis letztlich auch die Nachfrage nach Wertpapieren mit langer Laufzeit steigern, was dämpfend auf den langfristigen Nominalzins wirkt und dessen Stabilisierung erschwert.

Ein solches Szenario ist aber höchst unwahrscheinlich. Von einem gleichmäßig an alle Bürger gezahlten Konjunkturgeld würde immer ein größerer Anteil in den Konsum fließen, also ein geringerer Teil gespart werden, als von den viel ungleicher verteilten Arbeits- und Kapitaleinkommen. Und selbst wenn ein unerwartet großer Teil des Konjunkturgeldes gespart würde, würde – zumindest auf absehbare Zeit – nur ein geringer Anteil dieser Ersparnis in langfristige Geldanlagen fließen und damit auf den langfristigen Zins drücken. Trotzdem zeigen solche Beispiele, wie sorgsam eine Zentralbank ihre nachfragewirksamen Maßnahmen zur Stabilisierung des langfristigen Nominalzinses planen und dosieren und – was ebenso wichtig wäre – den Marktteilnehmern erläutern müsste. Eine Zentralbank wird den langfristigen Nominalzins nur so lange in einer minimalen Schwankungsbreite halten können, wie die Kapitalmarktakteure nicht auf die Idee kommen, sie durchschauten die Zusammenhänge besser.

7.3 Bemessung und Justierung des Konjunkturgeldes

Bis zu welcher maximalen Höhe müsste Konjunkturgeld im Festzinssystem gezahlt bzw. angekündigt werden, um die Schwankungsbreite um den Fixzins nahe null zu halten? Genau lässt sich dies natürlich nicht vorhersagen, aber es lässt sich grob schätzen. Angenommen, die erwartete Inflationsrate wäre irgendwann um 0,5 % niedriger, als es für die sichere Einhaltung des Fixzinses notwendig wäre. Gälte der Fixzins für Wertpapiere von sieben Jahren Laufzeit, dann wäre die Inflationserwartung für den gesamten Siebenjahreszeitraum in dem Fall um ca. 3,5 % zu niedrig. Dann müssten also die Finanzmärkte davon überzeugt werden, dass die Zentralbank in diesen sieben Jahren das Preisniveau um insgesamt ca. 3,5 % höher treiben wird als vorher erwartet.

Am einfachsten wäre dies natürlich zu bewerkstelligen, wenn in der Ausgangssituation das gesamtwirtschaftliche Produktionspotenzial voll ausgeschöpft wäre. Dann würde jede durch Konjunkturgeld induzierte zusätzliche Ausgabe in gleicher Höhe Preiserhöhungsspielräume schaffen, die dann auch relativ rasch genutzt würden. Würde das gesamte gezahlte Konjunkturgeld für privaten Konsum ausgegeben, dann müsste die Zentralbank in solchem Fall für den Gesamtzeitraum von sieben Jahren ein zusätzliches Einkommen in Höhe von ca. 3,5 % der verfügbaren Haushaltseinkommen gewähren bzw. versprechen. Mit dieser Summe ließe sich die Befürchtung, der Zielwert des langfristigen Nominalzinses sei nicht erreichbar, großenteils entkräften.[4]

---

[4] Für die Bemessung des Konjunkturgeldes könnten natürlich auch andere Bezugsgrößen gewählt werden. Im genannten Fall könnten z. B. statt 3,5 % der verfügbaren Haushaltseinkommen 3,5 % der Brutto-Haushaltseinkommen ausgezahlt werden, wobei in dem Fall die Bezüge für die Empfänger steuer- und abgabenpflichtig gemacht werden könnten.

Diese 3,5 % des verfügbaren Einkommens der Privathaushalte wären aber nur dann ausreichend, wenn im Ausgangszustand die Kapazitäten der Wirtschaft tatsächlich voll ausgelastet wären und wenn vom Konjunkturgeld nichts gespart würde. In der Praxis wäre Konjunkturgeld aber gerade dann einzusetzen, wenn die Kapazitäten unvollständig ausgelastet sind. Daher wäre in der Praxis ein deutlich höheres Konjunkturgeld notwendig, um den angestrebten Effekt zu erreichen. Da die Wirtschaft sich aber in einem klug administrierten Festzinssystem nie dramatisch weit von der Vollauslastung der Kapazitäten entfernen würde, ist anzunehmen, dass innerhalb eines Konjunkturzyklus höchstens ein geringes Vielfaches von 3,5 %, also etwa zwischen 10 % und 20 % des jährlichen verfügbaren Haushaltseinkommens als Konjunkturgeld auszuschütten bzw. zu versprechen wäre. Dies wären maximal gut zwei durchschnittliche Netto-Monatseinkommen.

Nur ein solches simples Kalkül – wenn auch anschaulicher präsentiert – brauchte die Zentralbank den Marktakteuren glaubhaft zu vermitteln, um die gewünschte Wirkung auf die Inflationserwartung sicherzustellen.

Die Zentralbank könnte ein zur Stützung des Fixzinses notwendiges Konjunkturgeld sofort auszahlen, aber sie könnte die Auszahlung auch über einen längeren Zeitraum – im hier angenommenen Fall bis zu sieben Jahre – strecken. Drohte der langfristige Nominalzins dagegen über den Fixzins hinauszuschießen und müsste er daher gedämpft werden, könnte die Zentralbank kurzfristig eine Konjunktursteuer in Form eines Einkommensteueraufschlags erheben bzw. ankündigen. Alternativ oder zusätzlich könnte sie von den Bürgern ggf. ein negatives Konjunkturgeld einfordern, das mit angekündigtem, aber noch nicht ausgezahltem Konjunkturgeld verrechnet würde. Angekündigte Konjunkturgeldzahlungen stünden insofern immer unter dem Vorbehalt eines unerwarteten Anstiegs des Realzinses.

Die Zentralbank könnte in diesem Prozess zu einer langen und auch raschen Abfolge von Ankündigungen, Auszahlungen, Justierungen und Verrechnungen von Konjunkturgeld gezwungen sein. Anfänglich könnte solcher Aktionismus der Öffentlichkeit sicher verwirrend erscheinen. Da alle solchen Aktionen aber auf einfachen, zumindest im Grundprinzip allgemeinverständlichen Zusammenhängen beruhten, wäre auch eine derart aktionistische Politik der Öffentlichkeit letztlich doch leicht vermittelbar. Auch die Dosierung des anzukündigenden Konjunkturgeldes würde, wie das obige Beispiel zeigt, auf einem nachvollziehbaren, zumindest für die wichtigen Kapitalmarktakteure leicht verständlichen Kalkül beruhen. Mit klugem Einsatz von Konjunkturgeld und ggf. Konjunktursteuer könnten Zentralbanken daher den Märkten – und damit auch den Beobachtern und Analytikern der Geldpolitik – eine verlässliche längerfristige Orientierung gegeben, wie sie es in der Vergangenheit nie oder fast nie vermocht haben.

7.4 Anpassungen der Parameter

Mit einem voll entwickelten Festzinssystem wäre nicht nur ein neues Funktionsprinzip der Geldpolitik eingeführt, sondern zugleich ein Element einer fortschrittlicheren Staatsordnung. In dieser Staatsordnung wäre die Zentralbank politisch vollständig autonom und eigenständig demokratisch legitimiert, dem übrigen Staat wäre eine eigenmächtige längerfristige Schuldenaufnahme verwehrt, und im Idealfall wäre zudem ein solide finanziertes Bürgergeldsystem eingeführt.[5] Der Übergang in ein Festzinssystem wäre in dem Fall auch mit dem Übergang in eine grundlegend neue Finanz- und Sozialordnung verbunden.

Ein Festzinssystem würde sich erst unter solchen Idealbedingungen optimal entwickeln, aber seine Vorteile könnten natürlich größtenteils auch in einer herkömmlichen Staats-, Finanz- und Sozialordnung zur Geltung kommen. Zumindest die Option, die Zentralbank als vollkommen eigenständige Staatssparte zu institutionalisieren, sollte aber mit dem Festzinsmodell immer schon mitgedacht und frühestmöglich angestrebt werden. Mit einer solchen demokratischen Verselbstständigung der Zentralbank könnte die Geldordnung sogar eine Vorreiterrolle bei der Modernisierung der gesamten Staatsordnung spielen.

Der Übergang in ein Festzinssystem wäre, unter welchen institutionellen Bedingungen er auch immer stattfände, natürlich ein geldpolitischer Lernprozess. In diesem Prozess wären Fehleinschätzungen bei der Steuerung der Inflationserwartungen unvermeidlich, und dementsprechend müsste anfänglich noch mit vergleichsweise starken Schwankungen des langfristigen Nominalzinses gerechnet werden. In dieser Phase dürften die Stabilisierungsziele der Zentralbank daher nicht zu eng gesteckt werden, müsste also beim langfristigen Nominalzins die zugelassene Schwankungsbreite um den Fixzins großzügig bemessen werden. Erst im Zuge der geldpolitischen Lernfortschritte könnte sie dann schrittweise minimiert werden. Denkbar wäre auch, dass im Übergangsprozess die Laufzeit der Wertpapiere, deren Zins stabil bleiben soll, anfänglich etwas länger und flexib-

---

[5] Ein solide finanziertes Bürgergeld würde die Mindestlebenshaltungskosten der Empfänger nicht vollständig abdecken. Es wäre daher mit einer hoch entwickelten staatlichen Beschäftigungsgarantie zu verbinden, die jeder Arbeitskraft die Erzielung eines notwendigen Zusatzeinkommens zum Bürgergeld zu zumutbaren Bedingungen ermöglicht. S. Wehner (2019a) und Wehner (2020a).

ler bemessen wird, als es auf Dauer optimal erschiene. Dies ließe der Zentralbank Zeit, in der Praxis diejenige Laufzeit zu ermitteln, bei der sich die Inflationserwartungen am exaktesten steuern lassen.

Diese Laufzeit müsste aber auch später nicht für alle Zeit gleich bleiben, sondern sie könnte von der Zentralbank regelmäßig hinterfragt werden. Die Bandbreite der wirklich praktikablen Laufzeiten dürfte aber auch auf sehr lange Sicht in dem relativ engen Bereich etwa zwischen sechs und acht Jahren liegen. Sollten Zentralbanken irgendwann den Wechsel zu einer anderen Laufzeit in dieser Bandbreite für zweckmäßig halten, dann dürfte dieser Wechsel ohne nennenswerte Verwerfungen vollziehbar sein.

Ohne größere Verwerfungen ließen sich natürlich auch maßvolle Änderungen eines einmal gewählten Fixzinses realisieren. Wenn die Zentralbank feststellte, dass ein von ihr gewählter Fixzins sich immer schwerer bewahren lässt – z. B. bei einer Veränderung fundamentaler wirtschaftlicher oder demographischer Rahmenbedingungen –, könnte sie jederzeit behutsame Justierungen dieses Zinses vornehmen. Auch eine ebenso behutsame gleichzeitige Justierung von Fixzins und Laufzeit wäre natürlich möglich.

7.5 Deflation, Demographie und Neokratie

Wurde die größte Herausforderung der Geldpolitik lange im Kampf gegen die Inflationsgefahr gesehen, hat sich dies in jüngerer Zeit deutlich gewandelt. Zentralbanken insbesondere in Europa, in Japan und in den USA konnten lange Zeit selbst unter Einsatz aller verfügbaren herkömmlichen Mittel das Absinken der Inflation unter den angestrebten Mindestwert nicht verhindern und Deflationserwartungen zeitweise nicht unterbinden.

Um diesen Zustand zu überwinden, haben Zentralbanken den Leitzins bis in den negativen Bereich gesenkt und zugleich Staats- und Unternehmensanleihen in nie dagewesenen Mengen aufgekauft. Beides reichte aber lange Zeit nicht, um die gewünschte Wirkung zu erzielen. Solcher Misserfolg kann Marktteilnehmer dazu verleiten, niedrige Leitzinsen und selbst massivste Anleihekäufe der Zentralbank nicht mehr als Impulse für die Konjunktur zu deuten, sondern eher als Indizien für eine hartnäckige Krise. Wenn dies aber der Fall ist, verliert die herkömmliche Geldpolitik vollends ihre Fähigkeit, die Wirtschaft auf berechenbare Weise zu stimulieren.

Der herkömmlichen Geldpolitik fehlen somit die Mittel, eine Wirtschaft bzw. ein Währungsgebiet aus Stagnation oder Deflation kraftvoll herauszuführen. Dies gilt besonders für Situationen, in denen aus demographischen Gründen die Spareigung besonders hoch, Geldkapital besonders reichlich und daher die durchschnittliche Renditeerwartung von Investoren besonders niedrig ist. Je wahrscheinlicher solche Konstellationen werden, je verbreiteter sie sind und je länger sie anhalten, desto dringlicher wird die Umstellung auf ein Festzinssystem und das zugehörige Instrumentarium.

Die Tatsache, dass demographische Entwicklungen die Geldpolitik an ihre Grenzen bringen und Finanzmärkte in Krisen stürzen können, spricht aber nicht nur für das Festzinssystem, sie spricht – zumindest auf sehr lange Sicht – auch für eine grundlegende Reform der Staatsordnung, so utopisch diese derzeit auch noch erscheinen mag. Sie könnte z. B. dafür sprechen, neben einer politisch autonomen Sparte für Geldpolitik irgendwann mindestens eine weitere vollständig autonome Staatssparte zu schaffen, der u. a. die Zuständigkeit für die Bevölkerungspolitik zuzuweisen wäre. Damit gäbe es dann zwei gleichermaßen autonome spezialisierte Politikbereiche, die auf Augenhöhe für eine langfristig angelegte Koordination zwischen Bevölkerungspolitik und Geldpolitik sorgen könnten.

Im Rahmen einer solchen Koordination könnten unabhängige Geldpolitiker ebenso unabhängigen Bevölkerungspolitikern die langfristigen negativen Auswirkungen einer zu niedrigen Geburtenrate aus geldpolitischer Sicht vor Augen führen. Unabhängige Bevölkerungspolitiker wären dann ihrerseits in dem Bemühen gestärkt, zur Steigerung der Geburtenrate eine langfristig gesicherte Umverteilung zugunsten der Eltern künftig geborener Kinder vorzunehmen. Diese Umverteilung könnte – analog zum Konjunkturgeld – in Form eines langfristigen „Bevölkerungsgeldes" erfolgen, das als Aufschlag zum Bürgergeld allen künftig geborenen Kindern in gleicher Höhe zu gewähren und an deren Eltern auszuzahlen wäre.[6]

Eine solche Konstellation politischer Zuständigkeiten mag zu Recht noch allzu revolutionär erscheinen. Auf dem Weg dorthin müsste erst einmal die bestehende Verfassung zur Disposition gestellt, müsste Verfassungsentwicklung als höchstrangige politische Aufgabe anerkannt und müsste diese Aufgabe einer hierfür geeigneten besonderen politischen Instanz übertragen werden. Erst damit wären die Voraussetzungen für eine gründliche Auseinandersetzung mit neuartigen, sog. neokratischen Verfassungsentwürfen geschaffen.[7]

---

[6] Zu diesem Vorschlag s. auch Wehner (2019a, Kap. 4.2).
[7] S. den neokratischen Verfassungsentwurf in www.neokratieverfassung.de.

8

Wege zum Festzinsmodell – wie, wo und wann?

Der Gedanke, dass ein stabiler langfristiger Zins ein lohnendes Ziel der Geldpolitik wäre, ist natürlich alles andere als neu. Unabhängig von allen geldpolitischen Kontroversen dürfte unstrittig sein, dass eine Stabilisierung des langfristigen Nominalzinses im Prinzip vorteilhaft wäre. Insoweit Zentralbanken sich in der Vergangenheit hierum bemüht haben, war dem aber kein Erfolg beschieden. Daher galt eine auf einen stabilen langfristigen Zins abzielende Geldpolitik letztlich nicht als praktikabel. Schlüssig begründen ließ sich dies aber nicht bzw. nur in einem System fester Wechselkurse. Eine Geldpolitik, die den Wechselkurs stabil halten musste, konnte in der Tat nicht zugleich den langfristigen Zins für längere Zeit stabil halten.

Die herkömmliche Geldpolitik sieht in einer stabilen niedrigen Inflation zu Recht das übergeordnete Ziel, auf das ihr Wirken in letzter Konsequenz immer gerichtet sein muss. Der Anspruch aber, unmittelbar auf dieses Ziel hinzuwirken, ist nicht einlösbar. Die Geldpolitik muss sich daher ein Zwischenziel suchen, auf das sie direkteren Einfluss hat und das mit der Geldwertstabilität in möglichst engem Zusammenhang steht.

Als ein solches Zwischenziel mag ein konstanter langfristiger Zins auf den ersten Blick wenig plausibel erscheinen, da eine Fixierung dieses Zinses substanzielle Schwankungen der Inflationsrate voraussetzt. Wenn der langfristige Zins konstant bleibt, dann schwankt die langfristige Inflationserwartung in dem Ausmaß, in dem der langfristige Realzins schwankt, und die Schwankungsbreite der tatsächlichen Inflation läge in der gleichen Größenordnung. Mit der hier vorgeschlagenen Festzinspolitik würde insofern das Ziel preisgegeben, die Inflationsrate nicht nur niedrig zu halten, sondern auch möglichst stabil.

Dieses Ziel lässt sich aber auch mittels aller anderen denkbaren Zwischenziele nur unvollkommen erfüllen. Der hier vorgeschlagene Fixzins kann daher sehr wohl die bestmögliche Kombination von geringer Höhe und geringer Schwankungsbreite der Inflationsrate ermöglichen und insofern das beste aller denkbaren Zwischenziele der monetären Stabilitätspolitik sein. Wenn der Realzins ein einem erprobten Festzinssystem um nicht mehr als ca. ±1 % schwankte, würden auch die erwartete und die tatsächliche Inflationsrate nicht oder nicht nennenswert stärker schwanken. Betrüge der für die Zukunft erwartete Realzins z. B. maximal 3 % und minimal 1 %, dann böte sich an, einen Fixzins von 3,5 % zu verordnen. Dann würde die erwartete und in etwa auch die tatsächliche Inflationsrate in einem Bereich zwischen 0,5 % und 2,5 % schwanken. Dies wäre im historischen Vergleich ein sehr gutes Ergebnis.

Einer der Hauptfehler der herkömmlichen Geldpolitik liegt insofern darin, einen stabilen langfristigen Zins als positive Nebenwirkung einer stabilen Inflationsrate zu sehen. In einem Festzinssystem wäre die Wirkungsweise um-

8 Wege zum Festzinsmodell – wie, wo und wann?

gekehrt. Die Geldpolitik würde den langfristigen Zins stabil halten, und die relative Stabilität von Geldwert und Inflationsrate würden sich als positive Nebenwirkungen einstellen. Wirkung und Nebenwirkung würden dabei durch Steuerung der Inflationserwartungen erzielt.

Auf die Frage, ob eine solche neuartige Geldpolitik erfolgreich sein kann, könnte die richtige Antwort noch vor ein paar Jahrzehnten negativ gewesen sein. Unter veränderten Bedingungen, nicht zuletzt aufgrund einer fachlich zunehmend kompetenteren und besser informierten Marktöffentlichkeit, ist es aber an der Zeit, über die alte Logik der Geldpolitik hinauszugehen. Mit dem Festzinsmodell und dem dazugehörenden Instrument des Konjunkturgeldes steht der Geldpolitik ein zeitgemäßeres und tragfähigeres Konzept zur Verfügung.

Wenn dies so ist, dann stellt sich natürlich die Frage, wie, wo und wann ein solches Konzept den Weg in die Praxis finden könnte. Die Hindernisse sind gewaltig. Eine gewichtige Hürde ist allein die Neuartigkeit und – auf den ersten Blick – Fremdartigkeit des Konzepts. Dies betrifft die Institutionalisierung der Zentralbank als autonomer Staatssparte und vielleicht mehr noch das Instrument des Konjunkturgeldes.

Das Konjunkturgeld weckt Skepsis allein durch seine Unerprobtheit, aber gerade in einem staatenübergreifenden Währungsgebiet wie dem Euroraum ließen sich natürlich auch konkretere, u. a. verteilungspolitische Einwände konstruieren. Wenn jedem Bürger eines solchen Währungsgebiets Konjunkturgeld in gleicher Höhe zugesprochen würde, könnte sich dies als höchst konfliktträchtig erweisen. Die wohlhabenderen Staaten könnten darin eine zwischenstaatliche Umverteilung sehen, für die eine Zentralbank kein Mandat hat.

Dies wäre ein berechtigter Einwand, aber er ließe sich leicht ausräumen. Das Konjunkturgeld könnte natürlich in verschiedenen Staaten in verschiedener Höhe ausgezahlt werden, wenn hierfür geeignete demokratische Entscheidungsverfahren eingerichtet wären. Eine suprastaatliche Zentralbank wie die EZB könnte z. B. die Zentralbanken der Einzelstaaten anweisen, auf ihrem Territorium ein Konjunkturgeld in je eigener, mit der suprastaatlichen Zentralbank abzustimmender Höhe zu zahlen. Die Pro-Kopf-Beträge der nationalen Konjunkturgelder würden dann vermutlich etwa im gleichen Verhältnis zueinander stehen wie die nationalen Durchschnittseinkommen.

Auch dagegen könnten sich natürlich politische Widerstände regen mit dem Argument, die wohlhabenderen Staaten eines Währungsgebiets seien den weniger wohlhabenden gerade in konjunkturellen Schwächephasen zur Solidarität verpflichtet. Wo aber solche Konflikte nicht einvernehmlich lösbar wären, sollte die Schlussfolgerung nicht sein, das Konjunkturgeld sei ein falsches Instrument der Geldpolitik. Die richtigere Schlussfolgerung wäre, dass das betreffende Währungsgebiet falsch abgegrenzt ist.

In einem falsch abgegrenzten Währungsgebiet ist eine für die Bürger aller Mitgliedstaaten gleich vorteilhafte Geldpolitik ohnehin nicht möglich, weder bei herkömmlicher Geldpolitik noch in einem Festzinssystem. Daher sollten in jeglichen Verträgen über die Einrichtung eines staatenübergreifenden Währungsgebiets die Verfahren für dessen eventuelle spätere Neuabgrenzung von vornherein klar geregelt werden. Bei der für das Festzinssystem vorgeschlagenen Organisationsform der Geldpolitik wären solche Regelungen viel leichter zu treffen als in herkömmlichen Organisationsformen.

Dass in einem so heterogenen Währungsgebiet wie dem Euroraum je ein einheitliches Festzinssystem entstünde, ist aber ohnehin kaum vorstellbar. Ebenso unrealistisch ist, dass eine große Zentralbank wie die Federal Reserve Bank der USA mit einem solchen Systemwechsel vorraginge.

8 Wege zum Festzinsmodell – wie, wo und wann?

Umso realistischer ist dagegen, dass sich irgendwann ein kleiner Staat mit eigener Währung als erster auf das Festzinsmodell und die damit verbundenen institutionellen Reformen einlässt. Daran, an der Erprobung des Festzinsmodells in kleinerem Rahmen also, sollten dann auch Zentralbanken großer Staaten und Währungsräume langfristig ein eigenes Interesse haben.

Trotzdem ist zu befürchten, dass große Zentralbanken im Festzinsmodell auf absehbare Zeit eine lästige potenzielle Systemkonkurrenz sehen, auf deren Scheitern sie schlimmstenfalls sogar hinwirken. Langfristig darf man aber natürlich auf das Gegenteil hoffen. Man darf hoffen, dass irgendwann die großen Zentralbanken dieser Welt interessiert verfolgen, wie eine mutig vorangehende kleinere Zentralbank praktische Erfahrungen mit dem Festzinsmodell sammelt, aus denen sich dann auch Erkenntnisse über dessen Anwendbarkeit in großen Währungsgebieten ergeben.

Ein Idealfall wäre es, wenn irgendwann Zentralbanken oder Regierungen großer Staaten die Zentralbank eines kleinen Staates in einer solchen Vorreiterrolle ermutigten und unterstützten. Eine solche unterstützende Rolle könnten aber durchaus auch potente private Stiftungen oder superreiche Individuen spielen. Eine nicht geringe Zahl solcher Stiftungen und Individuen verfügen über genügend finanzielle Mittel, um einem kleinen Staat die Angst vor den vermeintlichen Risiken einer Umstellung auf ein Festzinssystem nehmen zu können. Sie könnten einem kleinen Staat direkte finanzielle Anreize geben – z. B. mit einer an alle Bürger zu zahlenden Startprämie für ein Festzinssystem oder mit einer Übernahme eines Teils der bestehenden Staatsschuld –, sie könnten die Kosten der wissenschaftlichen Begleitung übernehmen und sie könnten eine Gewährshaftung anbieten für unerwartete fiskalische Mehrbelastungen im unwahrscheinlichen Fall einer Rückabwicklung des Festzinssystems.[1] Bei solcher privaten Förderung eines beispielgebenden Festzinsprojekts wäre eine vorurteilsfreie spätere Evaluierung am ehesten gewährleistet.

Dass ein solches Projekt am Ende als Fehlschlag zu gelten hätte, ist kaum vorstellbar. Ein Festzinssystem würde ein verlässlicheres monetäres und wirtschaftliches Umfeld schaffen, als es in der Vergangenheit je dauerhaft existierte. Der Fixzins gäbe der gesamten Wirtschaft einen verlässlichen Anker, der – anders als z. B. feste Wechselkurse – tatsächlich dauerhaft bestehen kann. Auch im Festzinssystem können zwar Korrekturen von Parametern notwendig werden, Korrekturen also des Fixzinses, der zugehörigen Laufzeit oder seiner zugelassenen Schwankungsbreite, aber das Risiko eines Systemversagens ergibt sich daraus nicht.

Bei stabilem langfristigen Zins ist auch die Gefahr von Blasenbildungen der Vermögenspreise stark reduziert, da die Vermögenspreise stark vom langfristigen Zins und darauf bezogenen Spekulationen beeinflusst werden. Blasenbildungen auf den Vermögensmärkten aber sind ihrerseits Ursachen und Verstärker von Konjunkturschwankungen. Auch auf diese indirekte Weise wirkt ein Festzinssystem stabilisierend auf die gesamte Wirtschaft.

Das Festzinssystem würde aber nicht nur die Konjunktur stabiler machen, sondern auch das Bankensystem und den gesamten Finanzsektor. Eine Hauptursache von Finanzmarktkrisen liegt in der mangelnden Vorhersehbarkeit von langfristigen Zinssätzen und Vermögenspreisen. Wenn große Banken, Investmentfonds oder Lebensversicherungen in Schieflage geraten, dann sind dem zumeist Entwick-

---

[1] Kleine, relativ hoch entwickelte Staaten wären für eine solche globale Vorreiterrolle nicht nur in der Geldpolitik prädestiniert, sondern bei vielerlei Systemreformen, z. B. der Einführung eines Bürgergeldes. Auch dabei könnten größere Staaten, potente private Stiftungen und superreiche Individuen als Sponsoren, Initiatoren und Gewährsträger eine führende Rolle spielen. Zu solcher Rollenverteilung im globalen Systemwandel s. auch Wehner (2019, Kap. 6).

8 Wege zum Festzinsmodell – wie, wo und wann?

lungen vorausgegangen, die in einem Festzinssystem nicht eintreten könnten oder zumindest leichter vorhersehbar wären.

Trotz dieser erhöhten Stabilität sollten im Festzinssystem bestehende stabilisierende Regulierungen des Finanzsektors selbstverständlich erhalten bleiben, aber viel weitergehende Regulierungen wären entbehrlich. Es gäbe z. B. weniger Grund denn je, den Banken vorzuschreiben, Sichteinlagen ihrer Kunden zu einem höheren Anteil bei der Zentralbank zu hinterlegen, und erst recht keinen Grund, eine vollständige Besicherung durch Barreserven zu verlangen, wie dies zuerst nach der Weltwirtschaftskrise der dreißiger Jahre des letzten Jahrhunderts diskutiert wurde.[2] Ebenso wenig Grund gäbe es, die Geldschöpfung ganz der Zentralbank vorzubehalten.[3] Das Festzinsmodell kann insofern helfen, manche Kontroversen über die Regulierung des Bankenwesens beizulegen. Darüber hinaus kann es auch manchen geldtheoretischen Grundsatzdebatten den Boden entziehen.[4]

Die Vorteile des Festzinssystems kämen am vollkommensten zum Tragen, wenn es nicht nur in einem einzelnen Staat oder Währungsgebiet realisiert würde, sondern gleichzeitig in Nachbarstaaten, mit denen eine besonders starke wirtschaftliche Verflechtung besteht. Im Idealfall wäre bei Einführung eines Festzinssystems darüber hinaus schon ein Bürgergeldsystem eingeführt, und die Zentralbank wäre schon als vollständig autonome, eigenständig demokratisch legitimierte Staatssparte institutionalisiert. Dies wären die Idealbedingungen, aber natürlich könnte auch ein herkömmlich organisierter Staat, der mit einem Festzinssystem als Vorreiter vorangehe, erheblich profitieren.

---

[2] Als sog. Full-Reserve Banking. S. Fisher (1935).
[3] So auch im sog. Vollgeldsystem. S. Huber (2010).
[4] S. hierzu die Ergänzung in Abschn. 9.5.

Unabhängig davon aber, wie, wo und wann ein Festzinssystem zuerst praktisch erprobt würde, sollten andere Staaten darin nicht voreilig folgen. Das Festzinssystem ist ein langfristiges Reformkonzept, bei dessen Umsetzung es auf Gründlichkeit ankommt und nicht auf Schnelligkeit. Wenn irgendwann ein Vorreiterstaat damit vorangeht, sollten andere Staaten frühestens folgen, wenn das System in mehr als einem vollständigen Konjunkturzyklus praktisch erprobt und wissenschaftlich ausgewertet ist. Mindestens so lange würde es aber ohnehin dauern, bis die anfängliche spontane Skepsis gegenüber einem derart ungewohnten System überwunden wäre. Umso früher aber sollte ein erster kleiner Staat dafür gewonnen werden, die Vorreiterrolle zu übernehmen.

Für die Zukunft der Geldpolitik ergeben sich aus all dem zwei höchst unterschiedliche mögliche Szenarien. Das eine, naheliegende und ernüchternde ist ein weiteres Durchwursteln auf dem bisherigen Niveau, eine Geldpolitik also auf schwammigem theoretischen Grund mit überholtem Instrumentarium in den Händen einer überforderten Institution. Das andere Szenario ist ein neokratisches Festzinssystem.

9

Einige Ergänzungen

Ein so neuartiges Konzept wie das Festzinssystem wirft auf lange Sicht natürlich viele weitere, hier meistenteils nicht zu erörternde Fragen auf. Dies sind Detailfragen der geldpolitischen Theorie und Praxis, aber es schließt auch staatstheoretische Fragen und Fragen der politischen Werteordnung ein, Fragen also wie diese:

- Unter welchen Umständen könnte ein Festzinssystem an seine Grenzen stoßen, wie früher der Goldstandard und Systeme fester Wechselkurse an ihre Grenzen gestoßen sind?
- Welche Konsequenzen ergäben sich im Festzinssystem für die Umverteilungs- und Beschäftigungspolitik?
- Welche Vorkehrungen müssten ggf. in der Verfassung getroffen werden, um die Qualität und damit den Bestand eines Festzinssystems zu sichern?
- Mit welchen herkömmlichen Theorien ist das Festzinssystem am ehesten kompatibel?

Auf einige wenige solche und weitere Fragen wird im Folgenden kurz ergänzend eingegangen.

9.1 Der Instrumenteneinsatz im Festzinssystem

Das geldpolitische Ziel des Festzinssystems ist anspruchsvoll, und dementsprechend anspruchsvoll wäre in diesem System auch die geldpolitische Praxis. Dies ergibt sich schon aus dem erweiterten geldpolitischen Instrumentarium. Geht es in der herkömmlichen Geldpolitik fast immer um Leitzinsänderungen oder Käufe bzw. Verkäufe von Anleihen durch die Zentralbank, muss die Zentralbank im Festzinssystem auch den Einsatz von Konjunkturgeld oder Konjunktursteuer und die Vergabe oder Fälligstellung langfristiger Kredite an die Staatskasse abwägen. Im Rahmen der Festzinspolitik kann die Zentralbank sich auch gezwungen sehen, den Verkauf langfristiger Anleihen mit dem Kauf kurzfristiger Anleihen zu verbinden, um Verwerfungen auf dem Kapitalmarkt zu korrigieren oder vorzubeugen. Darüber hinaus müsste die Zentralbank immer auch im Blick haben, ob der Fixzins und die zugehörige Laufzeit noch zeitgemäß bemessen sind, auch wenn diesbezügliche Anpassungen nur in sehr langen Zeitabständen notwendig werden dürften.

Für die Zentralbank wäre all dies großenteils ein pragmatischer Lernprozess, ein Learning by doing also, das auch ohne theoretische Fundierung zum Erfolg führen kann.[1]

---

[1] Im Festzinssystem brauchten die Zentralbanken sich über die Höhe theoretischer Größen wie des Gleichgewichtszinses den Kopf nicht zu zerbrechen. Gleiches gilt für die sog. gesamtwirtschaftliche Produktionslücke, die Differenz also zwischen Produktion und Produktionspotenzial. Die Zentralbank brauchte nur den konkreten Marktsignalen zu folgen, die von solchen theoretischen Größen beeinflusst werden.

Die Zentralbank müsste durch Erfahrung lernen, inwieweit sie den Nominalzins mit den herkömmlichen Instrumenten stabilisieren kann und inwieweit sie mit Konjunkturgeld und anderem neuem Instrumentarium eingreifen muss. Dabei werden die Zeitabstände, in denen das erweiterte Instrumentarium eingesetzt werden muss, in konjunkturell ruhigen Phasen vergleichsweise groß sein. Anders wäre die Lage bei abrupten Konjunkturausschlägen, die z. B. durch exogene Schocks auf Energie- oder Rohstoffmärkten, durch Handelskonflikte oder durch Finanzmarktkrisen ausgelöst werden. In diesen Fällen könnten Konjunkturgeldzahlungen und -ankündigungen in relativ kurzen Abständen notwendig werden. Aber auch dann würden die Finanzmärkte der Zentralbank zu jeder Zeit klare Signale zum geldpolitischen Handlungsbedarf senden.

Ein Extremfall solcher Intervention wäre der folgende. Angenommen, der von der Zentralbank vorgegebene Fixzins betrüge 3,5 %, die Inflationserwartung für die kommenden sieben Jahre läge stabil bei jährlich 2,5 % und der langfristige Realzins dementsprechend stabil bei 1 %. Stürzte der Realzins in dieser Situation durch unvorhersehbare Ereignisse um ganze 2 % ab, dann müsste die Zentralbank die langfristige Inflationserwartung kurzfristig um 2 % steigern, also auf 4,5 %. Nach dem obigen überschlägigen Rechenbeispiel müsste hierfür Konjunkturgeld in einer Größenordnung von mindestens 5 % bis 6 % pro Jahr – über einen Zeitraum von sieben Jahren also kaum weniger als 40 % – der jährlichen verfügbaren Haushaltseinkommen beschlossen und verkündet werden. In der Regel wäre dabei eine Auszahlung in abnehmenden Raten zielführend.

Dies ist ein Extrembeispiel, und extrem erscheinen daher auch die einzusetzenden Beträge, aber diese wären in einer derartigen Ausnahmesituation dem angestrebten Effekt angemessen. Sollten sich im anschließenden Verlauf niedrigere Beträge als ausreichend erweisen, könnten die angekündigten Auszahlungen nachträglich jederzeit entsprechend korrigiert werden.

Die Zentralbank müsste in der praktischen Anwendung herausfinden, wie stark und wie rasch die Ankündigung von Konjunkturgeld auf die Erwartungsbildung der Kapitalmärkte wirkt. Besonders in der Frühphase eines Festzinssystems könnte es notwendig sein, Ankündigungen längerfristiger Konjunkturgeldzahlungen mit einer hohen außerordentlichen Sofortzahlung zu verbinden, z. B. einer Einmalzahlung von Konjunkturgeld für ein oder mehr Jahre im Voraus. Da längerfristige Konjunkturgeldversprechen sich in beliebiger Weise mit solchen Vorauszahlungen verbinden ließen, ergäben sich immer hinreichende Möglichkeiten, über die Inflationserwartungen auf den Nominalzins einzuwirken. Äußerstenfalls hätte die Zentralbank in Extremsituationen aber, wie gesagt, immer auch die Möglichkeit, den Fixzins oder die zugehörige Laufzeit oder beides an fundamentale Veränderungen in der Wirtschaft anzupassen.

Insgesamt bieten sich der Zentralbank in einem Festzinssystem damit reichlich Handlungsmöglichkeiten, um ihr Ziel unter allen vorhersehbaren Umständen erreichen zu können. Sie könnte zu jeder Zeit und unter allen vorhersehbaren Umständen eventuelle Lücken der gesamtwirtschaftlichen Nachfrage schließen, und sie könnte jede solche Maßnahme jederzeit kurzfristig hinreichend korrigieren. Gleiches gilt für die Dämpfung der gesamtwirtschaftlichen Nachfrage.

9.2 Inflationsziele oder Fixzins?

Die Europäische Zentralbank hat für den Euroraum ein Inflationsziel von knapp unter zwei Prozent vorgegeben, aber sie hat dieses Ziel meistens verfehlt, mit z. T. erheblichen

Abweichungen in beide Richtungen. Daher sind auch die Zweifel gewachsen, ob dieses Ziel angemessen ist. Die vielen Zweifler sind aber uneins darüber, ob dieses Ziel zu niedrig oder zu hoch gesetzt ist. Schon darin offenbart sich, dass die Festlegung der Geldpolitik auf eine bestimmte Inflationsrate grundsätzlich fragwürdig ist. Besonders fragwürdig ist es, für die Inflationsrate wirtschaftlich so unterschiedlicher Länder wie derer der Eurozone ein gemeinsames Ziel dauerhaft vorzugeben.

Das Festzinssystem vermeidet solche fragwürdigen Festlegungen. Auch in einem Festzinssystem lässt sich immer auf eine implizit angestrebte Inflationsrate schließen, aber diese ist erstens nur eine erwartete und keine reale, und zweitens ist sie flexibel. Sie verändert sich gegenläufig zum erwarteten Realzins.

Die Inflationshistorie im Euroraum zeugt von einem Scheitern der Geldpolitik der Europäischen Zentralbank, aber dieses Scheitern ist zumindest aufschlussreich. Es zeigt, dass substanzielle Schwankungen der Inflationsrate unvermeidbar sind und für eine optimale Entwicklung der Wirtschaft möglicherweise unerlässlich. Welche Inflationsrate aber wann die optimale ist, darüber geben weder die Theorie noch die Marktsignale verlässliche Auskunft. Auch das spricht dafür, dass ein von der Zentralbank vorgegebener Zins für langfristige Anleihen ein besserer Anker der Stabilitätspolitik wäre als eine vorgegebene Inflationsrate.

Im Festzinssystem wäre die Zentralbank gezwungen, gegen jede deflatorische Tendenz mit massivem Einsatz insbesondere von Konjunkturgeld vorzugehen. Dass die Inflation und mit ihr der langfristige Nominalzins nahezu widerstandslos einem Abwärtstrend des Realzinses folgen, wie es in jüngster Zeit oft den Anschein hatte, wäre damit ausgeschlossen.

Wer derzeit für die Eurozone eine Anhebung des Inflationsziels fordert, tut dies mit dem Argument, die Wirtschaft bewege sich in einigen Mitgliedsländern am Rande der Deflation und sie bedürfe daher zusätzlicher konjunktureller Impulse. Wer dagegen eine Herabsetzung des Inflationsziels fordert, tut es mit dem Argument, bei einer Fortführung der zurückliegenden lockeren Geldpolitik drohten in manchen Ländern bereits Inflationsschübe, Preisblasen auf den Vermögensmärkten und letztlich eine neue Finanzmarktkrise. Letzteres läuft darauf hinaus, sich mit der schlechten Wirtschaftsentwicklung in einem Teil der Eurozone abzufinden.

Diese Diskussionslage zeugt einerseits davon, in welches unauflösliche Dilemma die Geldpolitik in einem allzu heterogenen Währungsgebiet geraten kann. Sie zeigt aber auch, wie wenig herkömmliche Geldpolitik zur Entschärfung dieses Dilemmas beitragen kann. Wenn die Europäische Zentralbank einzig und verbindlich darauf verpflichtet wäre, den Zins einer eigenen Anleihe von sieben Jahren Laufzeit dauerhaft konstant zu halten, wären solche divergenten Diskussionslagen ausgeschlossen. Dann gäbe es einerseits mehr Spielraum bei der Inflationsentwicklung, andererseits aber weniger Spielraum in Fragen des Austritts bzw. Ausschlusses von Mitgliedsländern aus der Währungsunion.

9.3 Negativer Realzins, Inflation und Kapitalvernichtung

Dass die langfristigen Zinssätze im Euroraum teilweise in den negativen Bereich gesunken sind, wirft natürlich die Frage auf, warum das so ist und wie die Zentralbank darauf reagieren soll. Eine naheliegende Antwort lautet, der so genannte Gleichgewichtszins, der sich ohne Einwirkung der Zentralbank aus den Marktbedingungen ergäbe, sei deutlich in den negativen Bereich abgesunken, und eine Zentralbank könne daran nicht viel ändern.

Hierfür gibt es in der Tat gute Argumente. Ein gewichtiges Argument ist die demographische Entwicklung. Je länger das erwartete Rentenalter ist, je höher zudem der für das Rentenalter angestrebte Lebensstandard und je höher der Bevölkerungsanteil, der für das Alter vorsorgen will, desto mehr wird insgesamt für das Alter gespart. Je mehr Erspartes aber nach rentabler Anlage sucht, desto niedriger ist der Gleichgewichtszins. Sinkt die Rendite des Ersparten gar ins Negative, dann muss noch mehr gespart werden, um auch den laufenden Wertverlust des Ersparten auszugleichen, was den natürlichen Zins weiter sinken lässt.

Die Situation verschärft sich weiter, wenn neben den Haushalten auch die Unternehmen einen höheren Anteil ihrer Einkünfte sparen. Hiermit ist immer dann zu rechnen, wenn, wie in jüngerer Zeit, die Profitabilität der Unternehmen steigt. Die Profitabilität wiederum steigt, wenn immer mehr Unternehmen sich auf abgegrenzte Marktnischen und -segmente spezialisieren, auf denen sich höhere Gewinnmargen erzielen lassen als bei vollkommener Konkurrenz. Die Folge ist, dass ein wachsendes Volumen thesaurierter Unternehmensgewinne nach rentabler Anlage sucht, was zusätzlich auf den natürlichen Zins drückt.

Dieses erhöhte Volumen an anlagesuchendem Kapital trifft zudem auf eine Wirtschaft mit stark gewandelten Investitionsmöglichkeiten. Zumindest in der saturierten und zunehmend digitalisierten Wirtschaft hochentwickelter Länder, in denen zudem die Bevölkerung tendenziell schrumpft, bedarf es zur Wohlstandsmehrung keiner hohen Wachstumsraten des Sachkapitals mehr, während umso mehr in Wissen, Know-how und Softwareentwicklung investiert werden muss. Diese Art von Investitionen aber lassen sich schwer mit klassischen Krediten finanzieren, da hierbei keine physischen Investitionsgüter als Kreditsicherheit dienen können. Auch dies trägt dazu bei, dass sich für die Ersparnis nur noch weniger rentierliche oder aber riskantere Anlagemöglichkeiten bieten.

Der dadurch begründete Trend zu Negativzinsen ist langfristiger Natur. Daher ist auch nicht auszuschließen, dass der Zins langfristiger Anleihen auf lange Sicht noch weiter sinkt und damit – bei unveränderter Geldpolitik – ein Szenario anhaltender Stagnation, Deflation und wiederholter Rezession bevorsteht. Diese Gefahr wächst noch, wenn unter solchen Umständen auch der Staat Ersparnisse bilden bzw. seine Verschuldung abbauen will. Unter solchen Umständen sollte die Zentralbank nicht nur in großem Umfang Staatsanleihen kaufen, sondern sie sollte auch Sorge tragen, dass der Staat sich durch erhöhte investive Ausgaben weiter verschuldet. Die oben beschriebenen Regeln des Festzinssystems würden ihr dies ermöglichen.

An den fundamentalen wirtschaftlichen Daten – und damit auch an einem Trend zu Deflation und Negativzins – könnte natürlich auch ein Festzinssystem nichts ändern. Auch ein Festzinssystem könnte keine höhere Rentabilität langfristiger Investitionen erzwingen, und es könnte daher Sparern nicht garantieren, dass ihr Erspartes einen höheren realen Zins einbringt und dass sie im Alter besser von ihrem Ersparten werden leben können als bei herkömmlicher Geldpolitik. Ein Festzinssystem könnte aber sicherstellen, dass der langfristige Nominalzins nie vollends oder annähernd ins Negative abgleitet und der Wert des Ersparten daher zumindest nominell nicht abschmilzt. Subjektiv würden die Folgen des negativen Realzinses damit spürbar gemildert und damit auch panischem Sparverhalten vorgebeugt.

Auch der Gefahr eines Crashs der Finanzmärkte wäre in einem Festzinssystem wirksam vorgebeugt. Im herkömmlichen System kann es Situationen geben, in denen eine unausweichlich gewordene Entwertung bzw. partielle Vernichtung überschüssigen Geldkapitals nur noch durch einen Crash der Finanzmärkte bewirkt werden kann, d. h. durch den Untergang von Verbindlichkeiten und Forderungen durch den finanziellen Kollaps von Unternehmen, Finanzinstituten und ggf. auch Staaten. Im Festzinssystem dagegen bliebe immer die Möglichkeit einer Entwertung langfristiger Forderungen und Verbindlichkeiten durch Inflation erhalten. Die Zentralbank müsste dafür allerdings den Fixzins und die davon abhängige Inflationsrate entsprechend hoch ansetzen, den Fixzins also ggf. an dieses Erfordernis anpassen.

9.4 Festzinssystem und optimaler Währungsraum

Die Eurozone konnte nur unter Aufbietung extremer geldpolitischer und fiskalischer Notmaßnahmen als gemeinschaftlicher Währungsraum zusammengehalten werden, und sie ist damit ein warnendes Beispiel für politische Leichtfertigkeit bei der Abgrenzung von Währungsräumen. Für einige Länder hat sich die Zugehörigkeit zur Eurozone wirtschaftlich ausgezahlt, aber andere Länder zahlten und zahlen einen hohen Preis. Dass der Zusammenhalt der Eurozone bisher dennoch nur sporadisch in Frage gestellt wurde, hat seinen Grund auch darin, dass es an klaren Regelungen für einen Austritt fehlt. Auch die lange Gewöhnung an den Euro spielt dabei natürlich eine Rolle. Zudem besteht die Furcht, der Austritt eines Landes könne eine

Kettenreaktion auslösen, die letztlich zum vollständigen Zusammenbruch der Eurozone führen würde.

Die Lehre hieraus kann nur sein, dass die Abgrenzung von Währungsgebieten von vornherein als offener Prozess konzipiert sein sollte. Dementsprechend sollte sich auch die Eurozone im Nachhinein klare und detaillierte demokratische Regeln sowohl für den Austritt wie für die Neuaufnahme von Mitgliedern geben.

Den Schlüssel für einen solchen offenen Prozess bietet das neokratische Konzept der politischen Assoziationsfreiheit.[2] Nach diesem Konzept sollten Entscheidungen über die Zugehörigkeit zu einem Staatsgebiet möglichst direkt in den Händen der Bürger liegen. Zudem sollte es möglich sein, diese Entscheidungen für verschiedene Politikbereiche separat zu treffen. Dabei müssten solche Entscheidungen allerdings in sehr speziellen, hochentwickelten, auf den jeweiligen Politikbereich genau zugeschnittenen und im Zweifel mehrstufigen Verfahren getroffen werden.[3]

Eine Konsequenz hieraus wäre, dass in jedem Staat bzw. jeder politisch hinreichend eigenständigen Region in direkter demokratischer Abstimmung auch über den Zutritt zu und den Austritt aus einem Währungsgebiet entschieden werden kann. Ebenso müsste dann aber auch in einem schon bestehenden einheitlichen Währungsgebiet in gleicher Weise über die Aufnahme neuer Mitglieder abgestimmt werden. Gleiches gälte dann auch für den eventuellen Ausschluss einer Region. Auch hierüber könnten und müssten letztlich die Bürger entscheiden.

---

[2] Zu diesem Konzept s. u. a. Wehner (2019b) und Wehner (2020a).
[3] Zu einem Beispiel für solche Verfahren s. Wehner (2019b) und Wehner (2020a).

Diese Möglichkeit eines letztlich von den Bürgern beschlossenen Ausschlusses hätte weitreichende politische Konsequenzen. Für die Eurozone würde dies bedeuten, dass jede nationale Zentralbank des Europäischen Zentralbankensystems Sorge tragen müsste, dass sie bzw. ihr Land nicht dem Risiko eines unfreiwilligen, von den Bürgern der anderen Mitgliedsländer beschlossenen Ausschlusses aus der Eurozone ausgesetzt ist.

Solche direkten Entscheidungsverfahren über Beitritt, Aufnahme, Austritt und Ausschluss von Staatsgebieten ließe sich am besten für Politikbereiche realisieren, die als wirklich autonome Staatssparten institutionalisiert sind und daher keiner allzuständigen, für alle Politikbereiche zuständigen Regierung unterstehen. Für die Geldpolitik, d. h. für die Zentralbank, bestehen besonders gute Voraussetzungen dafür, auf lange Sicht eine solche Verselbstständigung als autonome Staatssparte zu erreichen. Für Zentralbanken wäre eine solche Autonomie einerseits eine Verheißung, wie andererseits die Möglichkeit, aus einem Währungsgebiet durch Bürgerentscheid ausgeschlossen zu werden, als Bedrohung wahrgenommen würde. Von solcher Art Bedrohung würde aber eine heilsame politische Wirkung ausgehen. In der Historie der Eurozone haben einige Mitgliedsländer reichliches Anschauungsmaterial für fiskal- und geldpolitische Leichtfertigkeit geliefert, die in Anbetracht eines drohenden, durch Bürgerentscheid beschlossenen Ausschlusses aus der Eurozone kaum vorstellbar gewesen wäre.

9.5 Festzinssystem, Vollbeschäftigung und die sogenannte Modern Monetary Theory

Geldpolitik ist Stabilitätspolitik, das gilt uneingeschränkt auch in einem Festzinssystem. Geldpolitische Stabilisierungsmaßnahmen können aber natürlich erhebliche Nebenwirkungen haben. Sie können zu Überhitzungen auf dem Arbeitsmarkt und zu ungewollten Inflationsschüben führen und in deren Folge zu Konjunkturkrisen mit hoher Arbeitslosigkeit. Aus einer rein geldpolitischen Perspektive sind solche Krisen, auch wenn sie ihren Ursprung letztlich in vorangegangenen Fehlleistungen der Geldpolitik haben, notwendige Stabilisierungskrisen. Notwendig wäre, so gesehen, auch die damit einhergehende hohe Arbeitslosigkeit. Es wäre aber natürlich unverantwortlich, die Auswirkungen von Stabilisierungskrisen so gleichgültig abzutun. Zentralbanken sind zwar nicht verantwortlich für die Einhaltung niedriger Arbeitslosenquoten, aber sie tragen natürlich Verantwortung dafür, Stabilisierungskrisen und der damit einhergehenden erhöhten Arbeitslosigkeit vorzubeugen.

Geldpolitiker und viele Ökonomen haben in der Vergangenheit oft den Eindruck vermittelt, sie mäßen dem Beschäftigungsproblem und den damit verbundenen sozialen Fragen wenig Bedeutung zu. Dieser Eindruck konnte auch deswegen entstehen, weil Konjunkturtiefs und Unterbeschäftigung sich mit herkömmlicher Geldpolitik schwer überwinden lassen. Zu diesem Eindruck hat aber auch eine gewisse dogmatische Ablehnung fiskalischer Defizite als Mittel der Konjunkturbelebung beigetragen.

Für diese Ablehnung gibt es nachvollziehbare historische Gründe. Defizitfinanzierte Konjunkturprogramme waren in der Vergangenheit alles andere als eine Erfolgsgeschichte, und daran gemessen konnte eine strikte Austeritätspolitik als das kleinere Übel erscheinen, ungeachtet negativer Auswirkungen auf die Beschäftigung.

Fiskalische Austerität ist aber keineswegs eine stabilitätspolitische Notwendigkeit. Im Zusammenwirken mit der herkömmlichen, also einer schwachen Geldpolitik kann eine strikte Austeritätspolitik sogar, wie sich auch in jüngster Zeit gezeigt hat, den sozialen Zusammenhalt in betroffenen Ländern schwächen und sogar politischen Extremismus begünstigen. Insofern hat Stabilitätspolitik, auch die monetäre, letztlich doch auch eine soziale und politische Dimension. Jede dogmatische Beschränkung des stabilitätspolitischen Instrumenteneinsatzes, des monetären wie des fiskalischen, birgt daher soziale und politische Risiken.

Eine Theorie, die sich solcher dogmatischen Stabilitätspolitik entgegengestellt hat, ist die so genannte Modern Monetary Theory. Diese Theorie betrachtet den Fiskus und die Zentralbank als eine zusammenhängende Handlungseinheit, die jederzeit in der Lage ist, die Konjunktur und damit die Beschäftigung in beliebigem Umfang durch defizitfinanzierte Mehrausgaben zu stimulieren. Über diese Fähigkeit verfügt der Staat tatsächlich, da er in seiner Rolle als Zentralbank sich selbst jederzeit in beliebigem Umfang Kredite gewähren kann. Insofern trifft es im Prinzip auch zu, dass der Staat als zugleich geld- und fiskalpolitischer Akteur für eine stetige Vollauslastung der gesamtwirtschaftlichen Kapazitäten sorgen könnte. Insofern gäbe es auch, wenn der Staat hierbei nie über das Ziel hinausschösse, keine ernsten konjunkturellen Stabilisierungskrisen und wäre damit auch der sozialen und politischen Stabilität gedient. Voraussetzung wäre aber natürlich, dass die zuständige staatliche Instanz dieser Aufgabe vollständig gewachsen wäre.

Auch das hier vorgestellte Konzept des Festzinssystems – man kann es wegen des damit verbundenen Konzepts der Staatsorganisation auch **neokratische Geldtheorie** nennen – wendet sich gegen dogmatische Beschränkungen herkömmlicher Stabilitätspolitik, aber es zieht dabei andere und fundamentalere Schlussfolgerungen. Es verlangt ein neues stabilitätspolitisches Instrumentarium, und es verlangt zudem eine Neuformung der für die Stabilitätspolitik verantwortlichen Institutionen.

Das Konzept des Festzinssystems erkennt an, dass es eines erheblich kraftvolleren stabilitätspolitischen Instrumentariums bedarf als in der Vergangenheit. Neben dem herkömmlichen Instrumentarium stellt es zur konjunkturellen Stimulierung das pro Kopf zu zahlende Konjunkturgeld, zur Dämpfung der Konjunktur das Aufgeld zur Einkommensteuer und das negative Konjunkturgeld zur Diskussion. Darüber hinaus sieht es vor, dass die Zentralbank der Regierung in beliebiger Höhe und zu beliebigen Konditionen – äußerstenfalls zu einem negativen Zins und unbefristet – Kredite für konjunkturstimulierende Ausgaben zuweisen kann.

Die neokratische Geldtheorie will dieses Instrumentarium aber nicht einem herkömmlichen allzuständigen Staat anvertrauen. Sie stellt die Kompetenz herkömmlicher für die Stabilitätspolitik zuständiger Instanzen, auch und besonders der Zentralbanken, offensiv in Frage, und sie stellt fest, dass diese herkömmlichen Instanzen einer zusammengefassten monetären und fiskalischen Stabilitätspolitik nicht hinreichend gewachsen wären.

Je komplexer die stabilitätspolitische Aufgabe insgesamt wird, desto leichtfertiger wird natürlich die Unterstellung, eine monetäre und fiskalische Stabilitätspolitik aus einer Hand sei bei einer herkömmlichen, für alle Politikbereiche zugleich zuständigen Regierung gut aufgehoben. Die neokratische Geldtheorie fordert daher, die Zentralbank nicht nur wie bisher als nominell unabhängige, sondern als wirklich vollständig autonome Staatssparte zu institutionalisieren. Bei dieser läge die Gesamtverantwortung für die monetäre und – als alleinige Kreditgeberin des Staates – fiskalische Stabilitätspolitik.

Ohne Verknüpfung mit solchen instrumentellen und institutionellen Erneuerungen eröffnen die Ansätze der Modern Monetary Theory keine realistische Aussicht auf eine erfolgreichere Stabilitätspolitik als die bisherige.

9.6 Ein Fazit

Mit dem hier vorgeschlagenen Festzinssystem würden fundamentale Schwächen herkömmlicher monetärer und fiskalischer Stabilitätspolitik überwunden, aber unfehlbar wäre die Politik natürlich auch in diesem System nicht. Auch eine im neokratischen Sinn vollständig autonome Zentralbank wäre fehlbar, und sie könnte auch das hier vorgeschlagene erweiterte Instrumentarium ungenügend und kontraproduktiv einsetzen. Daher wäre auch nicht gänzlich auszuschließen, dass einer solchen Zentralbank der langfristige Nominalzins zeitweise entgleitet und vom vorgegebenen Fixzins substanziell abweicht. Mit dem hier vorgestellten Instrumentarium hätte die Zentralbank es aber immer in der Hand, solche Abweichungen zügig und mit entsprechend geringen Folgen für die Beschäftigung zu korrigieren.

Die Negativszenarien, um die herkömmliche stabilitätspolitische Debatten immer wieder kreisen, würden daher in einem halbwegs kompetent umgesetzten Festzinssystem keine prominente Rolle mehr spielen. Solange der Fixzins klug gewählt und annähernd eingehalten würde und damit alle anderen langfristigen Zinssätze entsprechend stabil blieben, könnte es keine Deflation und keine unkontrollierten Inflationsschübe geben, und wenn die Zentralbank die denkbar transparenteste und verständlichste Informationspolitik betriebe, gäbe es auch keine schwerwiegenden Währungskrisen, Vermögenspreisblasen und Finanzmarktkrisen. Damit wäre auch konjunkturellen Überhitzungen und anschließenden Stabilisierungskrisen vorgebeugt, und zumindest auf längere Sicht wäre damit auch krisenverstärkenden Ängsten der Boden entzogen.

Um dieses hohe Ziel zu erreichen, bedürfte es „nur" eines stabilitätspolitischen Paradigmenwechsels, und es bedürfte „nur" einer Staatsordnung, in der die Zentralbank vollständige politische Autonomie und demokratische Legitimation erlangte. Rein gedanklich ist das fast ein Kinderspiel.

Ein relativ leichtes Spiel wäre es aber auch, wenn bestehende Zentralbanken sich im Rahmen ihres gewohnten Paradigmas behutsam auf die Erprobung hier vorgeschlagener neuartiger Stabilisierungsinstrumente einließen.

Literatur

Fisher, Irving 1935. *100 % Money,* Works Vol. 11, ed. and introduced by William J. Barber, London: Pickering & Chattoo, 1997.

Gudehus, Timm 2016. *Neue Geldordnung, Notwendigkeit, Konzeption und Einführung.* Heidelberg: SpringerGabler.

Huber, Joseph 2010. *Monetäre Modernisierung. Zur Zukunft der Geldordnung.* Marburg: Metropolis Verlag.

Taylor, John B. 1993. *Discretion versus Policy Rules in Practice (PDF).* Carnegie-Rochester Conference Series on Public Policy. 39: 195–214.

Wehner, Burkhard 1990. *Der lange Abschied vom Sozialismus. Grundriss einer neuen Wirtschafts- und Sozialordnung.* Frankfurt: Anton Hain.

Wehner, Burkhard 1992a. *Der Neue Sozialstaat, Vollbeschäftigung, Einkommensgerechtigkeit und Staatsentschuldung.* Opladen: Westdeutscher Verlag.

Wehner, Burkhard 1992b. *Die Katastrophen der Demokratie. Über die notwendige Neuordnung des politischen Verfahrens.* Darmstadt: Wissenschaftliche Buchgesellschaft.

Wehner, Burkhard 1995. *Die Logik der Politik und das Elend der Ökonomie. Grundelemente einer neuen Staats- und Gesellschaftstheorie*. Darmstadt: Wissenschaftliche Buchgesellschaft.

Wehner, Burkhard 2019a. *Basic Income and the Reshaping of Democracy. Towards a Citizens' Stipend in a New Political Order*. Cham: Springer.

Wehner, Burkhard 2019b. *Die politische Logik der Sezession. Zu einem neuen Paradigma der Friedenspolitik*. Cham: Springer.

Wehner, Burkhard 2020a. *Freedom, Peace and Secession. New Dimensions of Democracy.* Cham: Springer.

Wehner, Burkhard 2020b. *Is Democracy fit for Basic Income? Towards a Hybrid Income Guarantee for Future Generations*. In: Richard K Caputo and Larry Liu (eds.), Political Activism and Basic Income Guarantee: International Perspectives, Past, Present, and Future. New York: Palgrave Macmillan, forthcoming.

The manufacturer's authorised representative in the EU is Springer Nature Customer Service Centre GmbH, Europaplatz 3, 69115 Heidelberg, Germany. If you have any concerns regarding our products, please contact ProductSafety@springernature.com

Printed and bound by CPI Group (UK) Ltd, Croydon, CR0 4YY

25/03/2026

02078225-0001